창조성
/
창의성

창조성은 새로운 생각이나 개념을 찾아내거나 기존에 있던 생각이나 개념들을 새롭게 조합해내는 것과 연관된 정신적이고 사회적인 과정이다. 창의성이라고도 하며 이에 관한 능력을 창조력, 창의력이라고 한다. 창조력은 의식적이거나 무의식적인 통찰에 힘입어 발휘된다. 창조성에 대한 다른 개념은 '새로운 무엇을 만드는 것'이다. 출처: 위키피디아

창조성을 지켜라

2012년 2월 9일 초판 발행 **O** 2012년 4월 3일 2쇄 발행 **O 지은이** 프랑크 베르츠바흐 **O 옮긴이** 박정례
펴낸이 김옥철 **O 주간** 문지숙 **O 편집** 고연주, 민구홍 **O 디자인** 카트린 샤케 **O 한국어판 디자인** 안마노
마케팅 김현준, 이지은, 강소현 **O 출력** 스크린출력센터 **O 인쇄** 한영문화사 **O 펴낸곳** (주)안그라픽스 우413-756
경기도 파주시 교하읍 파주출판도시 회동길 125-15 **O 전화** 031.955.7766(편집)ㅣ031.955.7755(마케팅)
팩스 031.955.7745(편집)ㅣ031.955.7744(마케팅) **O 이메일** agdesign@ag.co.kr **O 홈페이지** www.agbook.co.kr
등록번호 제2-236(1975.7.7)

Kreativität Aushalten
© 2010 by Frank Berzbach
© design by Katrin Schacke, Offenbach
Originally published with Verlag Hermann Schmidt Mainz, Germany
This edition first published by arrangement with Verlag Hermann Schmidt Mainz
© 2012 Ahn Graphics Ltd.

이 책의 국립중앙도서관 출판시도서목록(CIP)은 e-CIP홈페이지(www.nl.go.kr/ecip)와
국가자료공동목록시스템(www.nl.go.kr/kolisnet)에서 이용하실 수 있습니다.(CIP제어번호: CIP2012000374)

ISBN 978-89-7059-622-8 (03320)

창조성을
/
지켜라

프랑크 베르츠바흐 지음

박정례 옮김

안그라픽스

일상에서 창조적으로 일하라

제대로 일하라

혼자서 일하라

다른 사람을 위해 일하라

다르게 일하라

일하지 말라

1

일상에서 창조적으로 일하라

2

제대로 일하라

3
혼자서 일하라

4
다른 사람을 위해 일하라

5
다르게 일하라

6
일하지 말라

1

일상에서

창조적으로

일하라

우리가 보고 있는 모든 것, 즉 입고 있는 옷, 손에 들고 있는 책, 앉아 있는 의자, 회사 건물 등은 창의적인 과정의 결과이다. 심지어 자연이라고 여기는 것도 알고 보면 인간의 손길이 닿아 만들어진 문화적 창조의 산물이다.

창의성은 어느 곳에나 존재한다. 이에 대한 흥미 있는 주장 하나를 소개한다. 지적인 사람들은 문제가 생겼을 때 주어진 틀 안에서만 해결하지만, 창의적인 사람들은 자신들이 원하는 방법으로 해결한다는 것이다. 그들은 문제해결이 힘들어 보이면 문제의 형태를 바꾸기도 한다. 창의성이 간혹 잠재력을 가로막을 때도 있지만 예술이나 디자인 분야에서는 매우 중요한 역할을 담당하고 있다.

(1.01) ———— 우리는 창의성에서 무엇을 기대하는 것일까?

심리학자들은 창의성을 '인간 활동의 모든 분야에서 새롭고, 적당한 아이디어를 만들어내는 것'이라고 정의한다. 창의성은 개인에 대한 개념뿐만 아니라 일하는 수단 혹은 업무 환경 같은 환경적인 조건까지도 포함한다. 하지만 기대가 많은 만큼 많은 오류들도 함께 뒤따른다.

지그프리트 프라이저Siegfried Preiser와 니콜라 부크홀츠Nicola Buchholz는 창의성의 스물한 가지 장점을 정의했다. 그중 한 가지는 창의성은 천재나 천부적인 재능을 타고난 특정한 사람들에게만 주어지는 것은 아니라는 것이다. 창의성은 실현되기 어려운 일은 아니지만 익숙한 생각들만 하고, 피상적으로만 볼 때는 절대 불가능하다. 창의성은 어느 정도 측정할 수는 있지만, 정확하게 '이것이다'라고 규정할 수 있는 것은 아니다.

창의성이란 무엇인가?

일상에서 창조적으로 일하라 ──────────── 우리는 창의성에서 무엇을   13
제대로 일하라   기대하는 것일까?
혼자서 일하라
다른 사람을 위해 일하라
다르게 일하라
일하지 말라

모든 사람들이 노력한다고 해서 다 피카소가 될 수 있는 것은 아니지만, 그렇다고 창의성이 혈액형처럼 타고나는 것도 아니라는 이야기이다. 원래 창의적이었던 사람들이 보다 더 발전하는 경우도 있고, 안타깝지만 반대로 비창의적으로 변하는 경우도 있다.

하지만 타고난 소수의 우수한 사람들 때문에 창의성에 대한 생각이 과장되고 불명확할 때가 많다. 하르트무트 폰 엔티히Hartmut von Hentig는 창의성에 대한 잘못된 기대가 우리를 벽에 부딪치게 만든다고 생각했다. 창의적인 산업에서 살아남는 것은 야생에서 살아남는 것과 같다. 인간은 야생 같은 현실 속에서 자신의 창의성을 발전시키고, 개발시킬 수 있다는 사실에 대해 대부분의 학자들도 의견을 같이한다.

그리고 지식은 창의적인 과정에 아주 중요한 자극을 준다는 한 가지 사실만은 분명하다. 기존의 지식은 창의적인 일을 하는 데 밑바탕이 된다. 하지만 유감스럽게도 최근 디자이너들 사이에서 존재하는 편견은 '창의적인 혼돈'에서 비롯된 지식에 대한 것이다. 이에 대해 엔티히는 "나는 창의성의 자율에 대한 전통, 질서, 규율에 대한 이야기들을 절대 믿지 않는다. 진실은커녕 가정일 뿐이다."라고 말했다.

여러분은 책상 앞에서 충분히 행복을 느끼는가?

일하는 환경은 창의적인 능력에 아주 큰 영향을 미친다. 심리학자들은 일상적인 활동을 하는 공간이야말로 창의성을 기르는 데 매우 결정적이라는 사실을 밝혀냈다. 업무 시간이나 일의 변화 방식을 스스로 결정하고 관리할 수 있는가. 자신의 업무를 선택하거나, 적어도 원하지 않는 일을 피할 정도의 권한은

과도한 기대
/
필요한 자유 공간

가지고 있는가. 어떻게 일을 해내는지가 더 중요하다고 말할 셈인가.

노동심리학에서는 크고 쾌적한 휴식 공간이 창의성을 증진시키고 동기부여를 해준다고 분명하게 밝힌다. 사무실 내의 위계질서나 자율 공간에 개의치 않고 스스로 휴식 공간을 확보할 수 있는가.

일단 시작하고 나서 개선하라

동료나 상사, 고용주나 고객의 모든 행동은 우리에게 영향을 끼친다. 걱정이나 스트레스는 창의적인 능력을 방해하는 환경 중 한 요인이다. 만약 동료들의 이해나 지지를 받지 못한다면 어떤 일을 시도할 엄두도 내지 못할 것이다.

사회적 지지를 받을 수 있는 사람은 비상투적 해결책을 제시할 수 있는 용기를 내게 된다. 그렇지 않다면 창의적 업무는 너무 앞서간다는 평가를 받을 수 있다. 이 같은 사회적 지지는 무척 중요하다. 일단 무에서 유를 창조하고 나면 다른 일에도 쉽게 도전할 수 있게 되기 때문이다. 여러분이 실수를 하고 있을 때, 상사나 동료가 적절한 시점에 부정적인 표현을 쓰지 않으면서 정확하게 브레이크를 걸어주는 것 역시 중요하다.

이와 비슷한 검열은 우리 머릿속에서도 이루어진다. 늘 스트레스 속에 살면서 처음부터 완벽한 디자인을 만들려고 하는 사람에게 더 큰 발전을 기대하기란 어렵다. 부정적인 평가는 창의적인 과정을 가로막는다! 물론 중요한 것은 최종 결과이다. 하지만 프레젠테이션에서 스크린에 보여줄 만큼의 해결책만 가지고 있는 사람은 안락한 관습의 틀 속에만 머물러 있는 것이나 마찬가지이다. 기획안 단계에서는 가혹한 평가를 감당할 수 있어야만 한다. 중요한 것은 일단 시작하고 나서 개선해 나가야 한다는 점이다.

도움이 되는 지지

제대로 일하라
혼자서 일하라
다른 사람을 위해 일하라
다르게 일하라
일하지 말라

(I.02) ──────────── **창의성의 단계 모델**

오늘날 "아이디어를 짜내기 위해 온갖 노력을 다했다면 '영감'이 떠오르기를
기대해도 좋다."라는 옛말을 믿는 사람은 더 이상 없다. '유레카 효과'라고 불
리는 자발적인 아이디어는 자연스러운 것이다. 하지만 이것은 거대한 진행에
앞선 작은 첫걸음에 불과하다. 학자들이 말하는 '아이디어를 보유하는 것' 뒤
에는 심리적인 과정이 깔려 있고, 그 과정에서 복잡한 문제를 해결할 수 있게
된다.

　일반적으로 창의성은 문제에 부딪쳤을 때나 의뢰를 받았을 때 시작된다.
예술의 경우도 마찬가지이다. 예술가들도 의뢰를 받았을 때(종종 그 의뢰가 알려
지지 않기도 하지만) 작품 활동에 임하게 된다. 문제가 생기거나 의뢰를 받으면 진
행이 시작되고 결과물이 나오는 것이다. 그래서 라이너 홀름 하둘라^{Rainer Holm}
^{Hadulla} 같은 학술적인 저자는 창의성을 준비기, 계획기, 조명기, 실현기, 검증기
의 다섯 단계로 구분했다.

1. 가장 중요한 시작은 준비이다

보통 에이전시에서는 고객의 의뢰와 함께 바로 준비기에 들어가면서, 정보가
도착하면(종종 정보가 알려지기 전에도) 아이디어가 튀어나오기 시작한다. 이 단계
에서는 곧바로 실행하는 것을 자제하고 시간을 좀 더 투자하는 것이 도움이 된
다. 업무에 대한 부족한 인식은 창의성을 가로막을 뿐 아니라 나중에 더 많은
시간과 돈 그리고 신경을 쓰게 만든다.

　무의식적으로 일을 변경했다가 고객을 만족시키지 못하는 경우가 있다.

다행히 마지막에 가까스로 문제를 해결하기도 하지만 끝까지 해결하지 못할 때도 있다. 고객의 요구와 기대를 보다 잘 이해할수록 더 나은 결과가 나오게 된다. 규정이 아예 없거나 그 규정이 일을 방해하지 않을 때 큰 도전이 이루어진다.

고객이 "떠오르는 대로 간단하게 해주세요."라고 말하면 자유롭게 느껴지기는 하겠지만, 이 상황을 유쾌하게 받아들일 수만은 없다. 우리 머릿속에서는 다양한 아이디어가 하나의 결론에 도달할 때까지 경합을 벌이고 있고, 모든 것은 단순하지 않은 것이 현실이기 때문이다.

준비를 잘할수록 남은 일은 더 쉬워진다. 시간에 쫓겨 스트레스가 많아지다 보면 일은 더 어려워지고 참을성을 발휘해야 한다. 따라서 준비가 빈약하면 나쁜 결과를 낳게 마련이다. 어떤 방향으로 갈 것인지, 어떤 준비가 필요한지 제대로 생각해보기 바란다. 처음부터 최고 속력으로 달리는 것은 아무 소용이 없지 않은가?

2. 자유롭게 계획하기

준비기를 마치고 나면 이제 알에서 깨고 나와야 한다. 문제는 여전히 남겨진 일이 불명확하다는 것이다. 우리가 확실한 해결책을 제시하지 못하면 문제는 저절로 생각을 이끌어가기도 한다. 그래서 뭔가에 몰두하고 있지 않을 때, 예를 들어 샤워하고 있을 때 갑자기 좋은 아이디어가 떠오르기도 한다. 심리적인 도전은 생각이 자유로울 때 이루어진다. 일과 스트레스는 침착함이 필요한 과정을 방해한다.

침착함과 태연함은 훈련될 수 있는 심리적인 능력이다. 이러한 능력은 심

아무것도 하지 않기
/
지식 모으기

제대로 일하라
혼자서 일하라
다른 사람을 위해 일하라
다르게 일하라
일하지 말라

리적으로도, 신체적으로도 아주 중요하다. 미디어와 접촉하지 않고 오랜 시간 가만히 앉아 있을 수 있는가. 혼자 있는 시간을 즐길 수 있는가. 가끔 고독을 경험해보는 것은 창의적인 능력을 긍정적으로 높이는 데 도움이 된다. 영화감독 데이비드 린치David Lynch는 어느 인터뷰에서 "나는 종종 아무것도 하지 않고 안락의자에 한 시간 정도 앉아 있는다."라고 말했다. 그렇게 하면 이야기와 그림이 저절로 떠오르고 이어진다는 것이다.

　　이 단계에서는 자유로운 상상과 휴식, 심지어 수면까지도 중요한 요소가 된다. 우리가 아무것도 강요하지 않을 때 아이디어는 저절로 찾아온다는 것을 믿어라.

3. 유레카!

깨달음illumination은 종종 계시가 내리듯 뜻밖의 상황에서 찾아온다. 하지만 대부분의 경우 눈치채기 어려운 소소한 부분에서 시작된 것이 결과로 나타나는 것이기 때문에 그 과정을 알아차리기란 쉽지 않다. 아이들의 키가 자라는 것이 보이지 않다가 어느 순간 한 뼘이나 자라 있는 것을 느낄 때와 같다. 번뜩이는 아이디어에 대한 역사적인 일화들을 굳이 심각하게 여길 필요가 없는 것이다.

　　일반적으로 아이디어는 작은 실수와 지식을 조합하고 진지한 해결 과정에서 만들어지는 것이다. 또 이 과정에서는 수많은 시도와 실패가 동반된다. 그런 실패들 속에서 기발한 아이디어를 잡을 수도 있는 것이다. 그냥 가만히 앉아서 기다리기만 해서는 아무 소용이 없다. 현실적으로 봤을 때 기대만 하고 있는 것은 '깨달음'을 가로막을 수도 있다.

4. 끝까지 이겨내고 수정하자

아이디어를 내는 것은 중간에 수정하는 것에 비해서는 단순한 일이다. 많은 사람들이 아이디어를 현실화하는 일을 실패했다는 것을 잊어서는 안 된다. 여기에 창의성이라는 엄청난 도전이 숨어 있는 것이다! 우리 머릿속에서는 얼마나 많은 천재적인 계획이 떠오르는가! 하지만 그 아이디어들은 안팎으로 저항에 부딪치게 된다.

따라서 아이디어를 현실화하는 데는 인내와 참을성을 필요로 한다. 오류를 찾아내 스스로 인정하고, 포기할 것이 있으면 포기할 줄 아는 지혜가 필요하다. 이때 좌절이 창의적인 과정의 기본 요소 가운데 하나라고 생각하는 것도 도움이 된다. 새로운 결과물을 내놓기 위한 완벽한 해결책이 되기에는 불만족스럽더라도 어느 정도 선에서 포기한다는 전제가 필요하다. 혼자서 아이디어를 현실화해야 하는 상황은 힘들고, 두렵고, 우울하게 만든다. 따라서 환경이 큰 역할을 하는데 격려와 도움을 받아본 경험은 일을 더 쉽게 해결할 수 있도록 도와준다. 결과가 만족스럽지 않은 험난한 길일지라도 새로운 해결책이 우리를 기다리면서 그동안의 수고에 보답해줄지도 모른다.

하지만 그 해결책이 우리의 기대만큼 빨리 나타나는 것은 아니다. 기획안이 매번 거절당한다고 해서 시작부터 좌절하지는 말자. 기획안이 '우리의 일부'는 아니지 않는가. 종이 위에 피를 토하지 말고 가볍게 던져버리는 기술이 필요하다. 그 끔찍한 기획안이 여러분으로부터 나온 게 아니라는 듯 거리를 둬보자.

창의성의 성실한 동반자는 앞에 놓인 쓰레기통이다. 쓰레기통은 쓰레기를 삼키고 책상을 깨끗하게 만들어준다. 여러분의 머릿속에도 쓰레기통 같은

동기가 되는 불만족

제대로 일하라
혼자서 일하라
다른 사람을 위해 일하라
다르게 일하라
일하지 말라

상징적인 역할을 하는 것이 필요하다. 생각을 지워버릴 필요가 있다면 새로운 공간을 마련해야 한다. 실행 단계에서는 실수할 수도 있다. 여러분은 넘어지기도 한다! 끝까지 해낸다는 것은 다시 일어서야 한다는 것을 의미한다.

　일본의 유도 선수들을 보면 유연하게 넘어지고 재빠르게 일어서면서 기술을 완성한다. 이들은 '우케미受身'라는 '낙법 학교'를 수료한다. 여러분은 싸움에서 상대방을 넘어뜨렸을 때, 그가 몇 번이든 다시 일어나 아무렇지도 않은 듯 여러분 앞에 마주 서면 어떻게 할 것인가? 실패한 기획안은 비탄에 빠질 이유가 되지 못한다. 단지 여러 개의 실패한 기획안 중 하나일 뿐이다. 여러분은 넘어지지만 일상에서 다시 창의성을 경험할 수 있다. 실패한 기획안에 집착하지 않고 그것을 내던지는 것은 다음을 위한 연습을 해본 것이라 생각하면 된다. 이로써 목표에 더 가까이 다가서게 되는 것이다.

5. 모든 것은 활기 넘치게!

프레젠테이션이 끝나고 모든 것이 만족스럽다고 해서 목표가 달성된 것은 아니다. 단지 국도를 달리다가 고속도로로 갈아탄 것일 뿐이다. 하지만 여러분의 흔적을 좇아 뒤에서 끊임없이 차들이 달려오고 있다. 모두 허상이다! 여러분의 기획안이 성공적이라면 이제 무엇이 허상인지에 대해 곰곰이 생각해봐야 한다.

　지금 가지고 있는 것에 대한 집착이 문제를 만들 수도 있다는 점을 염두에 두자. 동료들이 자기 상품의 창의성을 내세우며 설득하려고 할지도 모른다. 게다가 새로운 아이디어를 지켜내는 것은 어려운 일이다. 좋은 아이디어를 끝까지 관철시키는 것은 사회적인 과정이지, 창의적인 과정은 아니다. 따라서 여

기회가 되기도 하는 실패
/
피드백 유지하기

러분은 흐름의 일부분이 되어야 한다(제4장의 '커뮤니케이션'에 관한 내용을 참고하기 바란다). 좋은 아이디어를 지켜내기 위해서는 반드시 경쟁을 즐길 줄 알아야 한다. 오늘날 유명한 고전 예술작품들이 동시대 사람들에게는 잘 알려지지 않았던 경우가 많다. 기술적인 발명품일 경우에는 더더욱 그렇다. 시계는 13세기께 중국에서 발명되었다. 하지만 그 당시 어느 누구도 이것이 얼마나 혁신적인 장점을 가졌는지 알지 못했다. 결국 200여 년의 세월이 지난 뒤 서양 선교사들이 이 '새로운' 발명품을 다시 중국에 들여왔다.

일을 관철시키는 데는 언제나 시간과 용기 그리고 도전자가 필요하다. 무엇보다 신뢰할 수 있는 비평가가 필요하다. 비평가의 말은 모욕적일 수도 있지만 선의의 비평은 어느 부분에서 개선이 필요한지 힌트를 주기도 한다(악기가 소리를 주고받으면서 조율되는 것과 같다). 팀으로 일하게 되면, 창의성의 마지막 단계인 검증기에서 비평을 통해 일과 관계의 영역을 적절히 구분하게 되면서 결과물의 품질은 훨씬 나아진다. 물론 이 마지막 단계에서 검증하다가 다시 앞의 네 단계 중 한 단계로 돌아가는 것도 가능하다.

(1.03) ──────── **창의적인 테크닉은 어떻게 생기는 것일까?**

창의적인 과정에 탄탄한 테크닉이 꼭 필요한 것인지에 대해서는 아직까지 학자들 사이에서도 논란의 여지가 많다. 브레인스토밍 brainstorming이나 마인드맵 mind map을 알고 있는 사람은 많지만, 먼저 알에서 깨어 나온 창의적인 사람이어야 한다. 창의적인 테크닉을 찾기 전에 먼저 창의적인 능력을 키워야 한다.

마리오 프리켄 Mario Pricken과 크리스티네 클렐 Christine Klell이 자신들의 경험

일상에서 **창조적으로 일하라** ─────────── 창의적인 테크닉은   21
제대로 일하라   어떻게 생기는 것일까?
혼자서 일하라
다른 사람을 위해 일하라
다르게 일하라
일하지 말라

을 바탕으로 쓴 『머릿속을 기어 다니는Kribbeln im Kopf(미국에서는 'Creative Adver-tising'으로 번역되었음-옮긴이)』을 보면 이를 위한 실질적인 팁들을 얻을 수 있다. 이 책은 좋은 디자인을 보여주는 사진집이면서, 예술감독들이 개인적으로 성공하는 방법을 제시하는 안내서이기도 하다. 또한 성공한 창의적인 과정을 보여주고 있다. 이 책에서는 대부분의 창의적인 테크닉을 지그리트 프라이저 Siegrid Preiser의 원칙에 따라 심리적인 관점에서 요약해놓았다.

우연은 없다

자발적인 아이디어, 즉 어느 순간 우연히 떠오른 아이디어는 쉽게 표현해도 혹은 기록해도, 내던져서도 안 된다. 그 아이디어가 필요한 것인지 아닌지 나중에 다시 평가될 수 있기 때문이다. 우연하게 떠오른 아이디어가 얼핏 봤을 때는 주제와 연관 없는 것처럼 보이지만 나중에 자료로 쓰일 수도 있다.

'우연'이라는 낱말은 인상 깊게 들리겠지만, 이것이 완전한 우연만으로 이루어지는 것은 아니다. 우리가 문제에 집중하느라 의식하지 못하는 사이에 저절로 떠오르는 아이디어들이 새로운 의미를 갖게 되기도 한다.

창의적인 과정에 무의식적인 요소들을 결합시킬 수도 있다. 전에 마음 내키는 대로 그렸던 스케치나 기획안이 나중에 문제 해결의 실마리가 되기도 한다. 미술사학자 호르스트 브레데캄프Horst Bredekamp는 찰스 다윈Charles Darwin에 대해 다음과 같이 이야기했다.

"찰스 다윈의 그림들과 일기를 보면 그가 나중에 발견한 이론들을 미리 유추해볼 수 있다."

창의적인 사람은 빈틈이 없다

많은 사람들이 생각을 묘사한다. 이성적인 생각과 말은 그림을 그리면서 겹쳐 놓을 수 있다. 그림을 그리거나 시각화하는 방법을 아는 사람은 어떠한 개념 이 떠올랐을 때, 자신의 '아이콘화한 지성(고트프리트 보엠Gottfried Boehm)'을 적절 하게 이용할 수 있게 된다. 우리의 꿈이나 이미지도 근거 없이 개념적으로 정 리할 수는 없다. 종이에 그린 단순한 그림이나 이미지에 생명을 불어넣으면 문 제 해결을 하는 데 큰 도움이 될 수 있다.

이야기 속의 지혜.

하지만 다른 방법으로도 목표에 도달할 수 있다. 유사점을 찾아야 한다. 수많 은 이야기나 명언에서 문제를 해결할 수 있는 메타포metaphor가 그것이다. 이러 한 과정은 재미있을 뿐 아니라 관점을 변화시키기도 한다. 이러한 지혜는 그 림책이나 LP판에서만 찾을 수 있는 것은 아니다. 동화나 음악에서도 주제와 관련된 것을 구할 수 있지만, 『두덴Duden(대표적인 독일어 사전-옮긴이)』에서도, 격 언이나 속담에서도 영감을 얻을 수 있다.

브리콜라주Bricolage(도구를 닥치는 대로 써서 만들기)와 낯설게 하기

문제를 작은 부분으로 나누어볼 수도 있다. 그리고 그것을 다시 '조립'하는 것 이다. 이러한 과정을 통해 시스템적으로 변화시킬 수도 있다. 예를 들어 과제 의 반대 방향에서 혹은 불리한 쪽에서 생각해보는 것이다. 환경을 해치는 재 료로 매우 불편한 안락의자를 디자인한다고 생각해보자. 비싸고 엄청나게 크 고 무거워서 집 안으로 들여놓을 수도 없을 정도로. 이 같은 생각은 그다지 유

스토리텔링
/
선입견 깨기

제대로 일하라
혼자서 일하라
다른 사람을 위해 일하라
다르게 일하라
일하지 말라

쾌한 일은 아니지만 완전히 새로운 아이디어일 수는 있다. 규칙에 어긋나는 말을 해보는 것만으로도 동기를 유발할 수 있다. 해결 방법에 가까워지기 위해서는 그 반대의 경우도 알아야 하기 때문이다.

이러한 장난 같은 창의적인 테크닉이 가끔 긴장감을 풀어주기도 한다. 하지만 최선의 방법은 아니다. 요셉 보이스Joseph Beuys는 〈자유의 과학Freiheits-wissenschaft〉을 그린 뒤 뒷면을 하얗게 칠했다. 그에게는 지식이 절대적으로 통용되고 지식 추구가 가능한 자유로운 공간이 필요했던 것이다.

가장 중요한 것은 아이디어 바로 다음에 오는 수정이다. 여기에는 원칙이 필요한데, 이 개념은 오늘날에도 지속적으로 논의되고 있다. 우리가 창의적인 활동을 할 때, 심리적으로 어떤 변화가 생기는지에 대해서는 신경학자들에게 조차 여전히 미지의 영역이다. 창의적인 과정에 대해서는 아주 적은 부분만 알려져 있고 이것을 조정하는 것도 거의 불가능하다. 테크닉은 중요하지 않다! 좋은 환경 조건이나 집중과 이완을 적당히 조절할 수 있는 침착함을 통해 주의를 기울여야 할 뿐이다.

(1.04) ———————— **예술가와 창의성**

학자들뿐만 아니라 수많은 예술가들도 '평생에 걸쳐' 창의성에 대해 연구해왔다. 그들은 연구 도구를 정밀하게 이용하는 것이 아니라 현상을 전체적으로 관찰한다. 예술과 디자인은 아주 밀접하기 때문에 예술가들의 색다른 '연구'에 대해 살펴볼 필요가 있다.

자유로워보기

미국의 스티븐 나흐마노비치Stephen Nachmanovitch는 음악가이자 작가이고, 컴퓨터예술가이자 연구가이며 또한 교수이기도 하다. 그는 1970년대 바이올린 즉흥연주 분야를 개척한 선구자 가운데 한 명이다. 10여 년의 연구 끝에 그는 이런 질문을 스스로에게 던졌다

'직관적인 음악이란 과연 무엇인가?'

그가 생각해낸 창의성의 비밀을 푸는 주요 열쇠는 단순하다는 것이다.

그의 창작 활동은 음악이든 미술이든 글이든 디자인이든 형식에 얽매이지 않았다. 그의 모든 경험과 생각을 총망라한 저서『놀이, 마르지 않는 창조의 샘Free Play』을 보면, 자발적인 창의성의 원천과 '창조적 활동의 모든 분야는 경계를 넘어선다.'라는 원칙이 나와 있다. 이 원칙은 우리가 무엇을 하든 마찬가지이다. 모든 행동은 예술로서, 일로서, 노동으로서 의미를 가진다.

우리는 디자인 사무실이나 디자이너로서의 일상 속에서 이 세 가지 면을 모두 발견할 수 있다. 오스트리아의 그래픽디자이너 슈테판 자그마이스터 Stefan Sagmeister는 일에서 예술로 가는 경계에서 작업한다고 볼 수 있지만, 그 역시 기술적 테크닉에 관련된 지식을 필요로 했다.

많은 경우 단순 작업으로도 해결할 수 있었다. 나흐마노비치는 확실한 창의적인 기술에 대해서는 관심이 없었다. 문제가 생겼을 때 창의적인 기술이 도움이 되기는 하지만 근본적으로 문제가 해결되는 것은 아니라고 생각했다.

자세히 살펴보면 인간이 무에서 유를 창조하는 기적이 여전히 일어나고 있다는 것을 발견할 수 있을 것이다. 프로젝트의 매니저가 환경적인 조건을 개

즉흥적으로 배우기

제대로 일하라
혼자서 일하라
다른 사람을 위해 일하라
다르게 일하라
일하지 말라

개선시킬 수는 있겠지만, 창의적인 행동을 위한 '표석'을 세워줄 수는 없다. 나흐마노비치는 창의성에 대해 깊이 논의할 것을 제안하면서, 창의적인 과정을 '정신적인 과정'으로 남겨놓았다.

창의적인 존재로서의 인간

보이스도 창의성에 대한 연구를 했다. 그에게 사회는 난해하고 추상적인 뭔가가 아니라 살아 있는 '유기체'였다. 우리가 하는 모든 행동이 공동의 조각상을 만드는 데 기여한다는 것이다. 그는 모든 사람이 예술가이고, 무엇보다 하나의 인간상을 만들어가는 것이라는 인상 깊은 말을 남겼다. 모든 행동은 창의적이다! 인간은 본성적으로 창의적인 존재인 것이다.

보이스는 창의성의 조금 더 깊은 차원에 관심을 가졌다. 그는 영속성과 민주주의, 자유는 떼어놓을 수 없는 것이라고 생각했다. 그리고 1970년대 말 지속적인 디자인의 선구자로서 녹색당 창설에 참여했다. 그는 작품의 퀄리티에 대한 요구가 아주 까다로운 사람이었기 때문에 예술을 전공하는 학생들에게 틈틈이 직업교육을 마칠 것을 주문했다. 그에게 창의성이란 내면적인 '심리적 힘의 영역'이 밖으로 나갈 수 있는 통로를 찾아 균형을 이루는 것을 의미했다. 그는 이를 위한 계획도 매우 가치 있는 일이고, 단계 모델 중 준비기가 결정적이라고 생각했다.

보이스는 "내 인생 전체를 통해 보지 않았더라면…… 성공하지 못했을 것이다. 선택적으로도 말이다."라고 말했다. 일생을 창의적인 활동을 위한 준비 기간으로 본 것이다. 그는 우리가 평상시에도 '창의적인 힘의 상황'의 방향을 정하고 창조적인 활동을 해야 한다고 생각했다. 창의적인 과정을 준비하는 것도 전 평생에 포함된다. 여기에 우리가 직업적으로 하는 모든 행위가 사회와 지속성의 범위에 영향을 미칠 수 있다.

삶의 한 형태로서의 창의성

나흐마노비치와 보이스가 창의성의 전제 조건에 대해 저술한 것을 보면, '9-to-5'로 정의되는 모든 직업들로부터 벗어난다. 삶을 업무 시간과 여가 시간으로 나누어 분리시키는 것은 많은 위기와 부작용을 초래한다. 예술가들의 삶을 자세히 들여다보면 모두가 따라 할 만큼 바람직한 것은 아니다.

적어도 신중해야 한다. 이 두 예술가도 다른 많은 예술가들처럼 창의성을 삶의 한 형태로 만들어갔다. 창의성은 여전히 철학적인 문제로 남아 있지만 전문적이고, 미적이며, 과학적인 지식은 창의성을 위한 전제 조건일 뿐이다. 대부분의 사람들에게 직업적인 수고를 덜어주는 결정적인 역할을 하는 것은 일을 잘하는 능력이다. 창의성은 삶을 결정한다. 하지만 삶은 일을 잘한다고 우연히 이루어지는 것은 아니다. 직업인지, 소명인지에 대한 답도 스스로 구해야 한다는 사실을 명심하자.

2

제대로

일하라

———————————————

———————————————

———————————————

(2.01) ──────────── **우리는 왜 일을 하는가?**

하루를 몽땅 일에 강탈당한 것 같은 날이 있다. 태양은 빛나고, 창밖으로는 수영장 가는 사람들이 보이는데 우리는 하루 종일 컴퓨터 앞에 앉아 있어야 할 때가 그런 날이다. 다른 사람들은 모두 각자의 삶을 사는 것처럼 보일 때 우리의 일은 흔들리기 시작한다. 어떤 사람들은 실업의 두려움에 노출되어 있을 수도 있다. 오랜 기간의 실직이 신체적으로나 정신적으로 병에 걸리기 쉬운 상태로 만든다는 연구 결과도 있다.

　　우리의 일에 제대로 동기부여가 됐든, 안 됐든 돈보다 값진 뭔가가 있는 것은 분명하다. 그래서 "돈도 필요하다. 하지만 그 돈이 필요 이상의 큰 의미가 있는 것은 아니다."라는 이야기가 있다. 창의적인 직업을 갖겠다고 결정한 사람도 돈은 많이 벌고 싶을 것이다. 유명 에이전시에서의 수입과 업무 시간 사이의 관계를 보면 기쁨 이상의 다른 뭔가가 있다. 마음속에서 저항이 생김에도 매일 아침 에이전시로 출근하게 만드는 데는 뭔가 다른 이유가 분명 있는 것이다.

(2.02) ─────────── **그렇다면 여러분은 무엇을 하는가?**

파티에서 어떤 사람을 알게 되면 종교적이거나 철학적인 것이 아니라 가장 좋아하는 축구 클럽 혹은 색깔, 별자리, 그해의 유행 같은 것을 물어보게 된다. 일반적으로 이런 질문도 할 것이다.

　　"무슨 일을 하세요?"

일 그리고 사회적인 상황

일상에서 창조적으로 일하라

제대로 일하라 ——————————————————— 그렇다면 여러분은 무엇을 하는가?   31

혼자서 일하라

다른 사람을 위해 일하라

다르게 일하라

일하지 말라

이 질문은 '그 일은 어떻게 시작하게 되었나요? 회사는 어디에 있죠? 그 직업은 구체적으로 어떤 일을 하는 건가요? 여러분은 그 일이 만족스러운가요?' 등의 의미를 담고 있다.

답이 이어지지만 소득에 대한 부분만큼은 피하게 되는데, 그런 질문을 하는 것은 터부시되기 때문이다. 사람들은 돈에 대해서는 말하지 않는다. 굳이 말해야 하는 상황이라면 다른 쪽으로 돌려 이야기한다. 실직에 대해 '설명'할 때도 원인을 금전적인 이유보다는 대인관계 쪽으로 돌린다. 그 사람의 직업은 성격, 관심사, 생각, 사회적 위치 등에 대한 정보를 주기도 한다. 어떤 사람이 아트디렉터라면, 그는 어느 정도 명예와 사회적 위치를 즐길 수 있는 배경에 속해 있을 것이라고 생각할 수 있다. 최고의 에이전시에서 일하면서 성공적으로 자리 잡은 사람이라면 그것만으로도 인정받게 된다. 직업은 사회적인 의미를 지니는 것이다. 하지만 여기에는 심리적인 부분도 중요하다. 매일 반복되는 일을 하지 않고서는 중요한 위치에 오를 수 없다.

'직업의 생활 규칙'에 낯선 사람을 평가하고, 기죽게 만드는 심리적 단점만 있는 것은 결코 아니다. 예를 들어 직업은 일상을 정리해준다. 이 규칙을 통해 우리는 언제 왜 일어나야 하는지, 언제 자유 시간을 가져야 하는지 알 수 있다. 종종 일은 우리에게 활동적이기를 강요하는 이유가 되기도 한다. 정규적인 일을 하지 않는 사람은 자유 시간은 물론 휴가도 없다!

일상에서 시간적인 규칙이 깨지면 건강상 문제가 생기기도 한다. 직업은 우리의 정체성을 확실히 해준다. '창의적인 일을 하는 사람'으로 정의되는 사람이라고 해서 사무실에서 창의적인 옷을 입는 것은 아니다. 이미 어떤 일을 하고

일 그리고 구성

있는지 알고 있는 사람조차 우리가 모든 일을 창의적으로 해결하기를 기대한다. 우리가 미용사나 의사, 법률가 혹은 청소부도 아닌데 말이다.

사회심리학자들은 우리가 스스로에 대해 판단을 내릴 때 다른 사람들과의 경험에 크게 의지하게 된다고 말한다. 그리고 일단 직업과 관련되어 어떤 사람들을 만나면 적어도 여가 시간에는 그들에게 둘러싸여 있는 것은 피하고 싶어 한다.

일은 우리에게 엄청난 양의 사회적인 경험을 안겨준다. 하루의 대부분을 차지하는 이 반복되는 직업적인 경험이 고통스러운 배움의 과정이 될 수도 있다. 많은 사람들이 교육을 받거나 대학을 다니면서 혹은 직업적으로 승진 과정을 거치면서 '이 직업에 적응하지 못할지도 모른다.'라는 위기감을 느꼈던 적이 있었을 것이다. 이러한 작은 갈등들은 우리가 기본적인 감각에 의문이 있다는 것을 보여주는 것일 수도 있다.

위기는 전체의 정체성에 관계된 것이지, 직업적 정체성의 일부분에만 국한된 것은 아니다. 하지만 교육을 받은 이후의 직업세계는 편안하게 어울릴 수 있는 곳만은 아니다. 심리학자들이 일에 대해 흥미롭게 보는 것은 에이전시의 주된 관심사가 경제적인 목적이지, 개인의 욕구를 충족시켜주는 것은 아니라는 점이다. 따라서 비록 일에 몰두하느라 세계 경제에 대한 시야가 좁아지는 좋지 않은 결과가 생기더라도 일을 많이 하는 사람에게 경제적인 보상이 주어지는 것이다. 성공한 기업은 균형을 가장 중요하게 여긴다. 그들에게는 고용인들이 일을 잘하고, 그 결과 기업도 성공하면 되는 것이다. 직원들의 창의성도 자본 가운데 하나인 기업에서는 생산성과 건전성 모두 제대로 작동하는 것이 중요하다.

일 그리고 정체성

일상에서 창조적으로 일하라

제대로 일하라 ———————————————— 심리적인 계약과 동기부여

혼자서 일하라
다른 사람을 위해 일하라

다르게 일하라

일하지 말라

(2.03) ———————————— **심리적인 계약과 동기부여**

우리는 고용주와 두 가지 계약을 하게 된다. 첫 번째는 하얀 종이에 검은 글씨로 쓰여 있고 양측이 서명한 업무에 대한 계약으로, 취소가 가능하다. 이 계약서에는 급여, 휴가, 근무 일수 등과 함께 기본적인 환경 조건이 나와 있다. 양측이 사인한 다음에는 갈등이 생기지 않는 한 파일에 넣어 보관할 뿐 계약서 규정을 볼 일이 없다. 하지만 더 중요한 것은 두 번째 계약인데, 이것은 종이에 표현되어 있지 않은 것이다. 바로 심리적인 계약으로 우리가 고용주에게 무엇을 제공해야 하고, 무엇을 기대해도 될지, 무엇을 위한 준비를 해야 하며, 넘어서는 안 되는 선 등을 규정한다.

나중에 얼마가 계좌로 송금될지는 미리 알고 있지만 이 일이 어떤 일이고, 우리에게 필요로 하는 것이 무엇인지에 대해서는 일단 연수 기간이 끝나야 알 수 있게 된다. 업무 계약이 심리적인 계약에 영향을 미칠 수 있는데, 무엇보다 계약 기간이 그렇다. 고용인들은 무기한으로 일할 준비가 되어 있지만 심리적인 계약서에서는 지위에 따라 상황이 달라진다. 계약서상으로 지위를 확실히 한 사람은 고용주와 발전적이고 안정적인 관계를 확인할 수 있고, 문제가 발생하거나 협력해야 할 때 조정할 수 있다.

시간적으로 제한이 있는 업무 계약은 이와 다른 심리적인 계약관계를 만들어낸다. 이 점은 계약서 첫 부분에 명확히 나와 있고('이 계약은 1년간 유효하다.' 등) 나중에 바꿀 수 없다. 이 점 때문에 고용인은 일상적인 업무에 대해 자금이나 영향력을 행사하는 것에 소극적일 수밖에 없다. 이렇게 '냉정한' 계약서가 업무 영역에 부정적인 영향을 줄 수도 있는 것이다.

개인적인 욕구
/
노동권의 저편

단기적인 업무 계약이 거듭되다 보면 심리적으로나 현실적으로 업무의 방향이 부정적으로 흐를 수 있다. 미래에 대한 전망 없이 마지못해 고용된 사람은 일에 대한 의욕이 없을 수도 있고, 최선을 다하는 것처럼 보이려고만 할 수도 있다. 업무에 대한 동기부여나 업무 환경, 심지어 고용주에 대한 평판도 우리가 앞으로 얼마나 열심히 일할지를 결정한다. 기본적인 욕구들을 충족시켜주는 급여도 이 부분에서는 그다지 중요한 역할을 하지 않는다. 이 같은 논리에 따르면 급여를 적게 받는 수습사원들이 열정을 다해 일하는 것이 설명된다. 하지만 수습사원들도 당연히 자신들의 미래를 위한 청사진을 기대할 것이다.

야근을 많이 시키거나 지속적으로 주말 업무도 요구하는 에이전시들은 많은 급여를 주면서도 직원들의 근무 의욕을 높이지 못할 수도 있다. 마감을 재촉하거나 잠깐 쉬는 것도 못마땅해하는 못된 상사가 있고, 야근을 강요하는 곳으로 매일 출근해야 한다는 스트레스로 복통에 시달리는 사람에게는 많은 급여도 그다지 매력이 없다. 이러한 불만은 마침내 '내적인 포기'를 선언하게 만든다.

창의성은 누가 얼마나 많이 버는가와 같은 돈으로 저절로 해결되는 문제가 아니라 동기부여에 달려 있다. 돈은 외부적인 동기부여이고 목적으로 가는 수단일 뿐이다. 단지 돈을 벌기 위해 일하러 가야 하는 날이 있을 수도 있지만 그것은 예외여야만 한다. 우리는 많은 시간을 사무실에서 보내게 된다. 다음 월급날에 대해 생각하는 것은 위대한 아이디어를 내는 데 별 도움이 되지 못한다. 본질적으로 동기부여를 받으면서 일하게 되는 건전한 방법이 있다면 내면적인 동기가 더욱 부각될 것이다.

우리는 일 자체만으로 보상이 되는 뭔가를 원한다. 스스로 자랑스러워할

일상에서 창조적으로 일하라

제대로 일하라 ──────────────── 내면적인 동기를 밖으로 이끌어내라　　　35

혼자서 일하라
다른 사람을 위해 일하라
다르게 일하라
일하지 말라

만큼 훌륭한 카탈로그를 만들 수 있다면, 그것만으로도 일하러 나갈 충분한 이유가 된다. 그래서 고용주로부터 보다 나은 대우를 받고, 동료들로부터 인정받을 수 있게 된다면 더 좋다. 이 같은 '돈으로 살 수 없는' 순간이 일을 더 열심히 하게 만들고 자극하며 즐겁게 해준다. 이것이 바로 창의성 분야의 '가치'이다.

(2.04) ──────────── **내면적인 동기를 밖으로 이끌어내라**

급여가 우리가 일하고자 하는 유일한 동기가 아니라는 점은 이미 분명히 했다. 고용주나 고용인은 내면적인 동기부여를 위해 노력해야 한다. 그러면 일하러 가고 싶은 날이 온다! 직업적으로나 본질적으로 일하려는 의욕을 갖기 위해서는 무엇보다 동료들 사이에 여유가 필요하다. 자신의 일에 대해 일정 부분 결정할 수 있는 사람은 책임도 함께 지는 것이다. 그리고 이 결정이 성공으로 이어지면 자신의 능력을 실감함으로써 스스로에게도 보상이 된다. 이렇게 본질적인 동기부여를 만들어내기 위해서는 동료들 혹은 상사의 신뢰가 있어야 한다. 서로 인정해주는 문화가 필요한 것이다. 우리는 보통 칭찬하는 데 인색하다. 슈바벤Schwaben 속담 중 이러한 독일인들의 단점을 확실히 보여주는 말이 있다.

　"욕만 먹지 않아도 충분한 칭찬을 들은 것이다."

　이 말이 적용되는 사람은 좋은 분위기에서 일한다고 볼 수 없다. 진심으로 인정해주는 것만큼 일에 대한 의욕을 키워주는 것은 없다. 따라서 실수를 덮어주는 것보다는 호의적이고 감정을 해치지 않는 비판을 연습할 필요가 있다. 우리는 동료들이나 상사, 고용주, 파트너가 칭찬해주는 것에 조심스러워해야 한다. 칭찬은 좋은 것이지만 때론 더 많은 것을 요구하기 때문이다.

동기가 되어주는 칭찬

(2.05) —————————————— **다른 사람을 비판하는 일**

비판을 받지 않을 수는 없지만 이를 견디기가 쉽지 않다. 그 비판이 실질적으로 맞는 말이라면 고통스러울 수도 있다. 심혈을 기울이는 창의적인 작업은 사람을 예민하게 만든다. 일단 낯선 시선들이 디자인을 보기 시작하면 경중을 떠나 긍정적인 코멘트를 받게 된다. 하지만 심하면 이런 말을 들을 수도 있다.
"어디서 한 번 봤던 것 같은 흔한 거잖아!"
모욕적이면서도 도움이 되는 말은 없다. 실질적으로 도움이 되는 피드백을 주기 위해서는 기본 능력과 지식을 갖추어야 한다. 하지만 이 시점에서 디자인에 대한 순수한 평가를 한번 들어보는 것은 큰 문제가 되지 않는다. 문제는 비판의 톤과 스타일이다. 비판은 일이 잘못되기 전에 더 나은 해결책을 찾을 수 있도록 동기부여를 해줄 수 있어야 한다. 자칫하면 역효과를 낳는다. 효율적인 비판을 연습하는 데는 조심스러움이 필요하다. 가장 상처를 적게 주는 말일지라도 비언어적인 부분으로 고통을 줄 수도 있기 때문이다. 그리고 비언어적인 부분은 언어적인 부분보다 조절이 어려울 수 있다(제4장 '커뮤니케이션' 내용을 참고하기 바란다).
흠잡을 데 없이 잘 만들어진 악보도 연주해보면 귀를 괴롭힐 때가 있다. 동기부여가 될 수 있는 비판을 위해서는 피드백을 해주는 사람이나 받는 사람 모두 몇 가지 단순한 규칙에 주의를 기울여야 한다. 함께 일하는 상사나 동료들의 비판과 마찬가지로 부하 직원의 비판에도 귀를 기울여야 한다. 또 부하 직원을 칭찬하거나 비판하는 사람은 위계질서 때문에 자신의 말에 더 큰 힘이 실려 있을 수 있다는 사실을 잊어서는 안 된다.

일상에서 창조적으로 일하라

제대로 일하라 ──────────────── 다른 사람을 비판하는 일   37

혼자서 일하라
다른 사람을 위해 일하라
다르게 일하라
일하지 말라

다른 사람을 비판하려면 그 일을 위해 시간을 들일 필요가 있다. 서두르다 보면 가벼운 오해가 생길 수 있기 때문이다. 반어적인 표현에 예민한 사람에게는 부당한 요구로 들릴 수도 있다. 물론 비판이 중요하기는 하지만 환경적인 조건이 우선적으로 갖추어져야 하기 때문에 세심하게 다가갈 필요가 있다는 것을 잊어서는 안 된다.

비판할 때는 확실한 논점을 바탕으로 제대로 된 비판의 장을 만들어 기분 좋게 시작되어야 한다. 칭찬과 비난이 계속 이어지겠지만, 앞으로의 회의 분위기를 위해서라면 긍정적인 인상을 줄 수 있어야 하는 것이다. 회의가 시작되고 몇 초만 지나면 수정을 제안받은 사람은 공격에 맞서기 위해 감정의 참호 속으로 뛰어들어 숨어버릴 게 분명하다. 그래서 일단 긍정적으로 시작되어야 한다! 좋은 분위기로 시작하고 나면 그다음 단계로 넘어가 수정을 제안하는 것이다.

피드백은 항상 구체적이고 호의적으로 이루어져야 하며, 어떤 부분을 고쳐야 할지 조언해주지 못하는 무난한 평가는 피해야 한다. 그런 일반적인 평가는 헛수고일 뿐이다. 긍정적인 피드백으로는 "맹목적인 열정은 아주 훌륭하지만, 우리 일에 적합한 것은 없네요." 같은 말이 있다.

부정적인 비판에서는 규칙이 더 중요해진다. 시시하게 보일 뿐만 아니라 나타내고자 하는 내용을 '별로 중요하지 않은 것'으로 보이게 할 수도 있는 타이포그래피 전문가에게 일을 맡겼다고 가정해보자. 이때 일반적이고 보편적인 말을 하는 것은 피해야 한다. "세상에, 이제는 아무도 가라몬드^{Garamond}체(프랑스 가라몬드사가 개발한 고전적인 서체-옮긴이)를 쓰지 않는다고요!" 같은 말은 상투적이다. 무료 재즈 페스티벌을 홍보할 때 균형이 잘 맞는 르네상스체를 쓰기도 하지만, 실제로 해보면 잘못된 생각이라는 것을 알 수 있게 된다. 그 뒤에 아주

정확한 피드백
/
현실성 유지하기

멋진 아이디어가 감추어져 있더라도 보이는 것만으로 평가받지 않겠는가. 이런 말은 건설적인 비판으로 작용할 수 있을 것이다!

피드백을 하는 자리에서는 미숙한 판단만 하는 것보다 '나-메시지'를 통해 표현하는 것이 훨씬 의미 있다. "나한테는 그 글씨체가 너무 작아 읽기가 힘들었어요." 같은 표현은 다른 사람의 아이디어를 평가절하하거나 비난하는 것보다는 훨씬 완곡하고 받아들일 만하게 들린다. "초록색은 전혀 어울리지 않아요!"라는 말은 불명확한 언급일 뿐이지만, "초록색에서 자연이 떠올라요."라는 말은 명확하다. 두 문장 모두 색의 사용에 대한 반대되는 의견이지만 다른 표현을 이용하고 있고 효과도 다르다.

두 번째 표현은 주관적인 것으로, 아무도 여러분을 비난하지 못할 것이다. 비판은 '나-메시지'로 표현되어야 한다. 게다가 확실하게 자신과 거리를 두기 위해서는 개방성과 진실이 필수적이다. 여러분에게 오늘 안 좋은 일이 생겨서 기분이 나쁘다면, 이 점에 대해 미리 이야기해야 한다. 사람들은 여러분의 그러한 태도에 어쩌면 감사하다고 할 것이다. 여러분이 심한 비판을 하더라도 기분이 나빠서일 수도 있다는 것을 미리 알려주었기 때문이다(다른 이유로 생긴 부정적인 에너지가 동료의 기획안에 대한 의견을 말할 때 반영되는 것은 드문 일이 아니다).

게다가 불공평한 비평 뒤에는 다른 사람의 성공을 부러워하는 마음도 숨어 있을 것이다. 이 마음이 저절로 움직이면 여러분은 기분 좋게 스스로를 공개할 것이다.

"이 멋진 기획안을 내가 생각해낸 거라면 얼마나 좋겠어요!"

순간적인 감정과 다른 사람의 작업에 대한 판단을 구분해야 한다(물론 부정적일 경우에만). 디자이너는 핵심적이고 명백한 반응을 받아들여 수정의 과정

나-메시지

일상에서 창조적으로 일하라

제대로 일하라 ──────────────────────── 다른 사람을 비판하는 일   39
혼자서 일하라
다른 사람을 위해 일하라
다르게 일하라
일하지 말라

에서 반영할 수 있어야 한다. 이를 위해 피드백 해주는 사람이 정확하고 사실적인 설명을 하는 것은 꼭 필요한 일이다. '객관적으로'가 의미하는 것은 다른 사람의 기획안을 볼 때 기획안 자체에 대해 판단해야지, 그 사람에 대해 판단하면 안 된다는 것이다.

　　도덕적 혹은 개인적인 평가는 비평에 속하지 않는다. 위대한 인물이나 대단한 스타라도 실패한 기획안을 만들어낼 수 있고, 반대로 삼류 디자이너의 기획안이 그 사람 자체보다 훨씬 더 뛰어날 수도 있다. 여기에는 정치적이거나 급진적이거나 혹은 일방적인 해석이 있을 수 있는데, 사생활에서는 이런 것이 허용되지만 사회적인 업무관계에서는 피해야 한다. 비판은 실제 디자인에 대해 직접적으로 이루어져야 한다. 2년 전에 인쇄된 브로슈어가 마음에 들지 않는다고 지금 비판하는 것이 무슨 소용 있겠는가? 기차는 이미 출발했고, 남은 표는 필요도 없고, 기분만 상할 뿐이다. 지나간 일을 끄집어내서 비판해서도 안 되고, 이것 때문에 그들의 발전을 방해하는 일이 있어서도 안 된다.

　　최악의 경우 이런 비판은 상대가 성취할 것에 대한 예언이 되기도 한다. 매일같이 "너는 글꼴 다루는 게 엉망이야!" 같은 말을 듣는 사람은 언젠가는 그 말이 진짜라고 믿게 된다. 치명적인 메커니즘인 것이다. 이 상황에서 수정이나 지식을 요구하는 힌트가 필요하다. '절대 아무것도 쉽게 할 수 없다.'라고 생각하는 사람은 정말로 '제대로 하는 게 없게' 된다. 비판은 발전의 한계를 열어놓고 한계를 밀어내지 말아야만 '건설적'이라는 이름을 얻게 된다.

단순한 디자인 작업에 대한 비판에서 이런 규칙은 쉽게 지켜진다. 하지만 만약 그 작업이 일반적인 성공이나 사회적 행동과 관련된다면 규칙을 지키는 것은

(비)도덕적인 평가
/
자기 실현 암시

쉽지 않게 된다. 아주 확실한 행동 사례나 비교에 대해 설명해야만 한다. 또 비판을 받는 사람도 이런 규칙에 신경 쓸 수 있다.

처음에는 주의 깊게 귀를 기울여야 하는데 스트레스를 받고 신경이 날카로워지면 이것 또한 쉽지가 않다. 듣고 싶어 하는 말만 들으려 한다는 사실은 아주 큰 위험 요소이다. 우리 안에 있는 뭔가가 공격을 기다리고 있다. 그 공격에 제대로 맞서기 위해서는 실제로 말해주는 것보다 더 정확하게 들을 수 있어야 한다. 이럴 때 노트를 꼭 휴대하도록 하자. 자신이 받은 비판을 메모해두면 나중에 편안할 때 읽을 수 있다. 정확하게 이해하기 힘든 것이 있다면 설명을 요청해서 명확하게 만들어야 한다. 또 여러분은 객관적이지 못한 비판을 받을 수도 있다. 정당성이나 방어기제는 완전히 불필요한 것이다. 전후의 유명 작가들이 모였던 '47년 그룹(제2차 세계대전 후 새로운 독일 문학을 창조하자는 시인·소설가·비평가의 모임으로 하인리히 뵐Heinrich Böll, 한스 베르너 리히터Hans Werner Richter, 볼프강 보르헤르트Wolfgang Borchert 등이 함께했다.-옮긴이)'에서는 그룹이 비판하는 것에 대한 저항은 절대적으로 금지되어 있었다. 작가들은 자신들의 글을 읽고 나서 비판을 들어야 했다. 이 같은 규칙이 그들에게는 의미 있는 것이었기 때문이다.

(2.06) ──────────── **다른 사람을 비판하는 태도**

공동 작업에 문제가 생길 때도 피드백에 대한 규칙이 중요하다. 이러한 종류의 갈등은 실제로 잘 일어나지는 않지만 팀원들 사이의 관계나 기대, 습관 등에는 영향을 미친다. 우선 즉각적으로 확실하게 하기 힘든 행동이 가능할지 분명히 해야 한다. 현실적으로 동료의 행동이 거슬리더라도 그의 제안에 대해 날카롭

경청 배우기
/
내려놓기 배우기

일상에서 창조적으로 일하라

제대로 일하라 ——————————————— '몰입'에 대한 신화와 낙원 같은 일   41

혼자서 일하라
다른 사람을 위해 일하라
다르게 일하라
일하지 말라

게 비판하지는 말아야 한다. 동료가 매일 지각하더라도 일은 잘할 수 있다. 하지만 심리학자들은 이러한 종류의 '시간 방해'는 해결되어야 한다고 말한다.

상사들은 직원들에게 특정한 행동 방식을 기대할 수도 있고, 그 기대가 어긋날 거라는 의심이 들 때 압력을 행사할 수도 있다. 동료들 사이에서는 이것이 훨씬 더 어렵다. 디자인에 대한 방침과 마찬가지로 행동에 대한 규칙도 꼭 필요하다. 하지만 대부분의 경우 중요성에 비해 규칙이 정해지기는 어렵다. 어떠한 경우에도 신뢰를 무너뜨리거나 이기적인 행동을 무시하고 지나쳐서는 안 된다. 부정적인 영향을 주는 행동을 신속하고 확실하게 지적하고 규칙을 참고하는 것은 매우 중요하다. 규칙을 어긴 사람에게는 충분한 제재가 가해져야 한다. 작은 불만이 원만하게 해결되지 못하면 심각한 갈등을 야기할 수 있고 이러한 행동이 디자인 작업에 영향을 끼칠 수 있는 것이다.

반대로 제안의 내용에 대한 전문적이고 실질적인 비판은 직접적인 관련이 없는 동료들의 행동에도 큰 도움이 된다. 이러한 비판은 감독관의 지휘 아래 즉각적으로 이루어져야 한다. 상사나 직접적인 관련이 없는 동료들의 의견을 들어야 한다. 사람들은 다양하다. 행동 방식이 받아들여질 수 있든 없든 조언은 도움이 된다. 다른 사람의 단점이 나타나는 곳에 관용의 한계도 생겨난다.

(2.07) ——————————— **'몰입'에 대한 신화와 낙원 같은 일**

미국의 심리학자 미하이 칙센트미하이Mihaly Csikszentmihalyi는 '몰입'이라는 개념을 만들어냈다. 이는 작업에 완벽하게 집중해 일하는 동안 행복을 느끼는 무아지경의 상태를 말한다. 특히 도전이나 높은 전문성을 요구하는 작업에 이

'몰입'이 필요하다. 누구나 '저절로 일이 되어가는' 때가 있다는 것을 알고 있을 것이다. 하지만 이러한 상황을 억지로 만들어내는 것이 어렵다는 사실도 알고 있을 것이다. 마치 잠에 빠져들기를 기다리는 것처럼 간절히 원할수록 어려워진다.

몰입 상태에 대한 논의는 직업만족도에 대한 기준치가 높다는 것을 보여준다. 행복과 몰입의 조건을 좇아서는 안 된다. 현실적으로 의미 있는 것은 직업만족도에 대한 연구이다. 심리학자들이 이야기하는 몰입을 위한 필수적인 전제 조건은 본질적으로 동기부여를 하는 행동과 보다 높은 의미를 가지는 목표의 조합이다. 몰입의 상태를 추구하다 보면 일에 대한 생각이 잘못된 방향으로 흘러가기도 한다. 그래서 일이 재미있더라도 낙원 같은 상태를 느끼지 못하게 되는 것이다.

창의성의 관점에서 볼 때 몰입은 짧은 순간에 받는 영감과 긴 시간을 소모시키는 현실이 공존할 때 이루어지는 것만을 의미하는 것은 아니다. 노력이나 규율 같은 개념이 유행이 지난 이야기처럼 들리겠지만, 최대 능률이라는 것이 야외 수영장에서 노트북을 무릎 위에 올려놓고 있을 때만 생기는 것은 아니다. 디자이너들은 기술적으로 정교하고 미적이고 지적인 면에서 최선을 다해 일하고 있다. 시대정신을 이끌어가는 베스트셀러 작가들은 필요한 돈은 재미있는 아이디어와 노트북, 게으름과 무질서에 딸려오는 것이라고 솔직히 이야기한다. 현실적으로 이 작가들에게도 한 번에 이루어진 일은 없다. 어느 시점에서는 부지런히 연구하고 철저하게 수정해야 하는 것이다. 놀라운 것은 그들이 책을 팔거나 자문료를 받는 것처럼 전통적인 수단을 통해 살아가면서도 '디지털 보헤미안' 같은 새로운 형태의 삶에 대한 이야기를 한다는 점이다.

행복이 주는 압력
/
자유를 즐기기 위해 일하는 것?

일상에서 창조적으로 일하라

제대로 일하라 ─────────────── 우리의 에너지를   43
혼자서 일하라   어떻게 다룰 것인가에 대한 문제
다른 사람을 위해 일하라
다르게 일하라
일하지 말라

디자이너 주디스 마이르Judith Mair는 자신의 저서 『유쾌하게 끝내기Schluß Mit
Lustig』에서 '정서적인 지능과 팀 정신, 소프트웨어적인 기술'의 과대평가에 대
해 설명했다. 그녀는 능력이나 일, 원칙에 대한 반성을 요구했다. 특히 몰입의
상태에 대한 과대포장이 작업의 세계에서 '즐거움과 놀이, 놀라움'을 둘러싼 환
상을 조장한다고 말했다. 마이르는 창의적인 분야의 작업 현실에 대한 인식을
바꾸어야 한다고 주장했다. 우리가 행복한지 아닌지는 객관적인 현실이 아니
라 주관적인 인식에 따라 달라진다는 것이다.

    일에 대한 기대가 높을수록 유쾌하지 않은 현실을 만나게 된다. 늘 즐겁고
도취된 상태에서 일해야 한다고 생각했던 사람은 환멸감을 느끼기도 한다. 그
렇다면 우리의 기대와 사회적인 비교부터 다시 시작해야 한다. 우리가 책에서
읽었던 몰입의 조건은 항상 반만 비어 있는 유리잔이다. 그리고 이러한 태도는
동기부여로 연결되지만 제품에는 직접적으로 효과가 없다.

(2.08) ─────── 우리의 에너지를 어떻게 다룰 것인가에 대한 문제

일을 만족스럽고 성공적으로 마무리하기 위해서는 무엇보다 시간적인 제약을
극복할 수 있는 노력이 필요하다. 이러한 사람들은 배터리가 충분히 충전되지
않은 휴대전화와 같다. 안타깝게도 현실적인 충전은 훨씬 더 복잡하다.
    한 앙케트에 의하면 독일인의 25%가 아침 식사를 하지 않는다고 한다. 그
들은 아침 식사를 거르고 30분 더 자는 대신 커피 한 잔 마시거나 담배 한 대
피우고는 일하러 간다. 저녁을 너무 많이 먹거나 너무 늦게 먹은 사람은 아침
에 공복감을 느끼지 않는다. 장볼 시간이 없기 때문에 냉장고는 텅 비어 있다.

배터리 충전하기

아침 식사를 하지 않는 것은 실용적인 것처럼 보인다. 하지만 생리학적으로 이러한 습관은 나쁜 결과를 초래한다. 근육은 에너지를 저장해 필요할 때 그 에너지를 사용할 수 있기 때문에 아침 식사를 하지 않더라도 사무실에 갈 수 있게 해준다. 하지만 뇌는 다르다. 뇌는 에너지를 저장할 수 없기 때문에 혈액순환을 통해 지속적으로 에너지를 공급받아야 한다. 뇌는 체중의 2%에 불과하지만 우리가 소비하는 에너지의 20%를 소모한다. 특히 아침에는 혈당이 낮기 때문에 아침 식사를 하지 않는 사람은 오전에 사고 능력이 현저히 떨어지게 된다.

아침 식사와 마찬가지로 중요한 것은 밤낮의 균형적인 리듬과 충분하고 규칙적인 수면이다. 우리는 조금 덜 자도 될 거라고 생각하지만, 평균 여덟 시간의 수면 시간은 회복을 위해 필수적이다. 특히 여성들은 스트레스를 받으면 식사를 거부하는 경향이 있는데 아침 식사를 거르거나 긴 공복 시간을 갖는 것은 이중의 위험을 초래한다. 첫 번째 위험은 두뇌 능력이 상당히 떨어지는 것이다. 두 번째 위험은 미처 알아차리지도 못하는데 이는 놀라운 일도 아니다. 우리의 능력이 부족한 것을 알아채는 데 필요한 자기 인지는 심리적인 능력인 것이다. 그리고 그 두 번째 위험은 문제를 만든다.

우리가 아침이나 점심 식사를 하지 않고도 전혀 부족감을 느끼지 않는 것은 주관적인 것이다. 이에 대해 이의가 있다면 비교를 통해 확인해보면 된다. 규칙적이고 건강한 식사 시간과 충분한 수면, 운동은 스트레스와 질병에 견딜 수 있는 힘을 만들어준다. 두통이나 집중력 저하가 생기거나, 목 결림에 시달리거나, 침대에 누워 있거나, 응급실로 호송되어 병원에서 보내는 시간을 생각한다면 아침 식사나 간식, 휴식에 투자하는 것이 훨씬 가치 있는 일이다.

정신적인 능력도 신체적인 에너지에 달려 있다. 두뇌의 움직임은 우리의

창의성에는 에너지가 필요하다
/
자기 인식 연습하기

일상에서 창조적으로 일하라
제대로 일하라 ─────────── 우리의 에너지를   45
혼자서 일하라   어떻게 다룰 것인가에 대한 문제
다른 사람을 위해 일하라
다르게 일하라
일하지 말라

능력 수준이 하루 종일 변화하는 파동의 토대가 된다. 한 분야에 대한 강도 높은 집중은 40분 이상 지속되기 힘든데, 여기에도 어떠한 '심리적 트레이닝'이 필요하다. 이전에 명상을 해본 사람들은 집중이라는 것이 호흡을 몇 분 더 길게 가져가는 도전이라는 것을 알고 있다. 신경학자들은 수년간의 명상을 통해 엄청난 집중력을 개발한 사람들에게 깊은 감동을 받았다. 집중력 향상은 훈련으로 가능하지만 여전히 한계는 있다. 사고 능력, 언어 능력, 공간인지 능력, 손과 눈의 협응력 등은 짧은 시간에 측정 가능해 바로 검사를 할 수 있다.

휴식을 포기하면 몸에 일어난 위기 상황을 견디지 못하게 된다. 카페에 가서 뭔가를 찾거나 안절부절못한다. 백해무익한 흡연, 이 무의식적인 휴식을 통해 우리의 실행 능력은 가장 낮은 수준으로 떨어지게 된다. 완벽한 회복을 위해 필요한 것은 명확하게 제한된 휴식이다. 이를 통해서만 실행 능력이 회복될 수 있다. 수면의 중요성은 여전히 과소평가되고 있다. 수면만이 두뇌가 긴 업무 시간 동안 효율적이고 질서 있게 일할 수 있도록 도와준다.

하지만 일반적으로 근무 시간 동안에도 휴식은 부족하다. 보통의 사회활동에서는 커피 브레이크(보통 15분), 짧은 점심시간(45분), 오후의 짧은 휴식 시간이 있을 뿐이다. 심리학자들이나 의료진들의 견해에 따르면 이러한 휴식 시간은 너무 적다. 현대사회의 직장생활에서는 이 짧은 휴식 시간조차 명확하지 않고, 업무 시간의 유연성은 종종 휴식의 축소로 이어진다. 짧아진 휴식은 업무 능력을 떨어뜨리고 건강을 악화시킨다. 규칙은 간단하다. 더 많은 업무와 스트레스가 존재할수록 휴식은 더욱더 중요하다. 업무의 지속적인 진행을 중단해야 하며, 전원을 완전히 끄는 것이 휴식에 도움이 된다. 다음 프레젠테이션을 하러 가면서 동료와 10분 동안 대화를 나누는 것은 휴식이 아니다.

집중력 훈련
/
생산적인 휴식

일에 대한 부담이 전혀 줄어들지 못하는 것은 스트레스에 대한 인식이 왜곡되면서 제일 먼저 나타나는 증상이다. 아침 식사를 거른 채 하루를 시작한 사람은 물도 거의 마시지 않고, 점심에는 피자 한 조각을 단숨에 삼키고는 남은 시간 동안 콜라나 커피를 손에 쥐고 있다가 저녁이 되면 긴장감을 느끼면서 녹초가 된다. 그의 심리적인 실행 능력은 이미 오전에 떨어졌고, 기름진 음식은 위에 부담이 되기 때문에 점심을 먹은 뒤에도 에너지의 효율성은 낮아져서 업무 능률이 회복되기 힘들다. 불행히도 이렇게 소진된 듯한 기분일 때는 많은 일을 해낼 수 없기 때문에 업무는 더욱 힘들어진다.

　이것은 일을 얼마나 고통스럽게 생각하는지에 대한 문제가 아니다. '얼마나 많은 것을 이루었는가? 생산성은 얼마나 높았는가?'에 대한 문제이다. 우리 사회의 능력에 대한 카테고리는 병적이다. 자진해서 과로를 하는 사람이 칭찬을 받는다. 매우 지쳐 있는 것처럼 보이는 것은 야심이 있고 노력하고 있다는 것을 증명한다. 상사들도 잊지 말아야 할 것이 있다. 힘든 근무 시간 동안 쌓여 있는 많은 일거리에 대해 직원들이 어떻게 생각하는지를 냉정하게 판단할 수 있어야 그 과제는 해결될 수 있다. 스트레스나 휴식 없는 업무, 패닉 상황 같은 분위기는 열심히 일하는 것을 증명하는 게 아니라 일을 제대로 하지 못하고 있다는 것을 보여주는 것이다.

　하지만 막중한 부담감을 느끼고 있다면 어떤 회사에서든 힘만 낭비하고 능력을 발휘할 수 없다. 장거리를 운전하는 사람은 미리 기름을 넣어야 한다. 그렇지 않으면 목적지에 도달해야 할 시간에 기름을 구하기 위해 기름통을 들고 먼 길을 걸어가야 할지도 모른다. 충분한 수면 뒤에 아침 식사를 하고 도전적으로 하루를 시작한 사람이 매시간 짧은 휴식을 취하고(5-10분 정도), 점심시

일상에서 창조적으로 일하라

제대로 일하라 ——————————— 우리의 에너지를   47
혼자서 일하라   어떻게 다룰 것인가에 대한 문제
다른 사람을 위해 일하라
다르게 일하라
일하지 말라

간에 좋은 시간을 보내며, 오후에도 10분 휴식을 두 번 정도 가질 수 있다면 오후 6시가 되어서도 여전히 능률이 높을 것이고, 저녁을 먹은 뒤에도 다시 한두 시간 정도 집중해 일할 수 있을 거라는 점은 의심할 필요도 없다. 오후 4시 이후에 업무 능률이 급격히 떨어진다는 점을 감안할 때, 체력 관리에 신경 쓴 사람은 시간이 지날수록 생산성이 높아진다. 업무 시간 동안의 피로와 휴식을 포기하면서 발생한 능력 저하에 대한 대부분의 연구가 이러한 사실을 증명한다.

에너지 공급에 대한 또 다른 리스크는 부정적인 감정이다. 분노, 화, 질투, 공격성은 단시간에 많은 에너지를 필요로 하는 동시에 고갈시킨다. 몇 분 동안 분노를 폭발시키고 나면 스트레스는 줄어들었을지 모르지만, 장기적인 면에서 보면 장거리 여행에서 잠깐 전속력으로 차를 운전한 것처럼 효과가 없다. 다음 신호등을 만나면 조금 전에 얼마나 큰 위험을 지나쳤는지 깨닫게 된다. 차이가 있다면, 폭주자의 연료 탱크는 텅 비어 있다는 것이다. 심리학자 아네테 셰퍼Annette Schäfer는 "유쾌한 사람은 정보를 유용하게 사용하고, 위기 타결 능력이 있으며, 더 많은 창의적인 아이디어로 일에서 성공한다."라고 이야기했다.

    좋은 기분과 마찬가지로 나쁜 기분도 전염되며 분위기가 안 좋으면 숨쉬는 것도 힘들어진다. 분노에 찬 한 사람 때문에 사무실 전체의 업무 분위기가 부정적으로 흘러갈 수 있다. 동료들도 한 사람의 분노 때문에 방해를 받고 있다는 느낌을 받으면 공격적으로 변하게 된다. 분노와 시기, 이기심은 팀 내에서 비슷한 현상을 일으킨다. 이러한 맥락에서 베르톨트 브레히트Bertolt Brecht의 『코이너 씨 이야기Geschichten vom Herrn Keuner(독일의 대표적인 희곡작가 브레히트가 폭력에 대해 쓴 산문-옮긴이)』는 시사하는 바가 크다.

좋은 기분은 에너지를 아끼게 해준다
/
함정과 같은 이기주의

나는 교통규칙을 잘 이해하고 잘 지키며 자신을 위해 유익하게 이용할 줄 아는 한 운전자를 알고 있습니다. 그는 잽싸게 앞차를 추월한 다음 다시 정상 속도를 유지하고 자기 차를 아끼면서 조심스럽고도 대담하게 다른 차 사이를 교묘하게 빠져나가는 재주가 있지요.

내가 아는 또 다른 운전자는 다른 식으로 차를 몰지요. 그는 자기가 갈 길뿐만 아니라 전체 교통에 관심을 갖고 자신을 그러한 전체의 일부로 느끼지요. 그는 자기 권리만을 주장하지 않고 개인적으로 특별히 두드러지는 짓을 하지 않습니다. 그는 자기 앞차, 뒤차와 함께 모든 차와 보행자들의 움직임에 항상 기쁨을 느끼며 운전하지요. (주어캄프Suhrkamp, 프랑크푸르트, 1971)

이 도덕적인 이야기는 우리에게도 일어날 법한 어둠 속의 이기심을 다루고 있다. 두 번째 운전자는 오늘날 직업세계와 관련해서도 많은 장점을 보여준다. 회사에서 결정적으로 필요한 것은 개개인이 아니라 함께하는 프로젝트이다. 일단 공동 작업이 공정하고 호의적인 분위기에서 이루어지면 모두의 에너지가 창의적이면서도 분노가 없는 상태에서 의미 있게 모이는 것이다.

　　이제 결정적인 요소가 나타난다. 스트레스가 많아지면 우리는 사회적인 지원을 기대하게 되는데, 모든 운전자가 스스로 주의를 기울일 때 그 지원을 받을 수 있다. 지나가는 보행자에게 주의를 기울일 때도 보상은 받을 수 있다. 누구나 하루에 한 번은 일의 능률이 떨어지는 것을 느낄 것이다. 직접 느껴지는 관심과 신뢰가 가득한 분위기는 팀을 생산적이고 안정적으로 만든다. 이것

지원받기

일상에서 창조적으로 일하라

제대로 일하라 ──────────────────── 우리의 에너지를   49
혼자서 일하라   어떻게 다룰 것인가에 대한 문제
다른 사람을 위해 일하라
다르게 일하라
일하지 말라

은 감정적인 에너지보다 더 많은 것에 영향을 미치게 된다. 세퍼도 '이상적이
거나 혹은 정신적인 에너지'에 대해 이야기했다.

　　능력은 우리가 어디에서 어떻게 일하고 있는지가 아니라 무엇을 위해 일
하고 있는지에 달려 있다. 많은 사람들은 수년간에 걸쳐 참여한 자발적인 사
회봉사나 자원봉사처럼 높은 수입보다 의미 있는 행위를 더 중요하게 생각한
다. 일을 하면 에너지가 고갈되는 느낌을 받는데, 무엇을 위해 일하는지 모른
다면 왜 아침에 일어나겠는가. 심지어 이런 것은 측정 가능하다. 자신의 일상
을 합리적으로 설명할 수 있는 근로자는 자신의 업무를 의미 없게 여기는 사
람보다 병에 걸릴 확률도 더 적다. 일에 의미를 부여하는 것은 무엇보다 스스
로에게 책임을 지우는 일이다. 일하는 모든 날들을 의미 없이 보내는 사람이라
면 아마 자신의 삶을 그냥 흘려보내고 있는 것이 아닌지 생각해봐야 할 것이다.

　　무관심과 냉소가 자신만 괴롭히는 것이 아니라 다른 사람에게도 옮겨 전
체 분위기를 흐리게 만들기도 한다.

이제 에이전시에서는 보충이 필요한 경우가 많이 존재한다는 것은 확실하다.
하지만 기업 경영은 작은 조정을 통해 큰 발전을 이루어낼 수 있다. 낮은 실패
율, 낮은 결근율과 함께 효율적인 업무가 이루어지기를 원하는 관리자라면 호
의적인 분위기와 건강한 휴식 문화를 만들기 위해 노력해야 한다. 이를 위해서
는 머릿속에서 고정관념을 없애야 한다. 좋지 않은 사내 문화만큼 에너지를 소
모시키는 것은 없다. 사회적으로 책임감 있는 행동과 개인의 능력을 존중하는
것은 과잉친절이 아니다. 이것은 지속적인 힘의 원천이 될 것이다. 자전거를 즐
기는 사람들에게 전해지는 오랜 명언이 있다.

　　　　　　　　　　　　　　　동기부여가 되는 감각
　　　　　　　　　　　　　　　/
　　　　　　　　　　　　　　　나쁜 분위기 그리고 창의성

'투르 드 프랑스Tour de France의 승자는 가장 빠른 선수가 아니라 각 구간에서 최
고를 거듭한 선수이다.'

(2.09) ──────── **더 빨리, 더 높이 그리고 더 멀리**

최근 유행하는 '시간 관리'의 개념에서는 인간이 시간의 흐름에 영향을 미칠
수 있다고 이야기한다. 시간은 흘러가고 그것을 변하게 할 수 있는 어떤 기술
은 존재하지 않는다. 사실은 흘러가는 시간과 인간 사이의 관계를 이야기하는
것이다. 그런데 왜 갑자기 태곳적부터 변함없이 지나온 어떤 것과의 관계를 새
롭게 배워야 하는 것일까?

　시간이 만들어낸 문제들이 생겨난 것은 역사적으로 볼 때 비교적 최근의
일이다. 그 갈등 뒤에 숨어 있는 것은 사회적으로 만연하는 가속도 현상이다.
이는 개인으로서는 해결할 방법이 없는 것처럼 보인다. 하르트무트 로자Hartmut
Rosa를 비롯한 일부 사회학자들은 현대사회의 특징을 가속도라고 이야기했다.
예전에는 고난도의 경쟁 스포츠에서만 중요하게 여겨지던 속도의 기준들이 사
회 전반으로 확대되었으며 일상의 언어 속에도 많이 노출되었다. 철학자 크리
스티안 드리즈Christian Dries는 다음과 같이 설명했다.

　"시간은 너무 재촉하는 것처럼 보인다. 스낵바에서 즉석카메라를 거쳐 종
이 손수건이나 라스트 미닛 라이제Last-Minute-Reise(항공권 전문 업체-옮긴이), 짧은
잠, 인스턴트 맥주에 터보 아비투어Turbo Abitur(독일 대입 시험의 속성 과정-옮긴이),
패스트푸드, 스피드 데이트, 시간 부족, 서두름……."

　특히 속도를 높이는 일이 크게 중요시되지 않던 직업의 세계도 지난

일상에서 창조적으로 일하라

제대로 일하라 ─────────────── 나중에 해야 할 일까지   51
혼자서 일하라   오늘 해야 하는 것일까?
다른 사람을 위해 일하라
다르게 일하라
일하지 말라

100년간의 기술적인 성과 덕분에 사무실에 근본적인 변화를 가져와 많은 일들이 동시에 이루어진다. 뒤에서 전화벨이 울리면 받을 사람이 올 때까지 자동응답기가 "기다려주세요"라고 응답하고, 밤새 도착한 이메일과 팩스를 확인하면서, Skype나 채팅룸 같은 소프트웨어는 온라인 상태로 전 세계와 연결시켜준다. 이런 방식에는 분명히 장점이 있다. 하지만 심리학적 관점에서 보면 더 빨라진 사무실에서 살아남기 위해 새로운 경쟁이 필요해진다. 시간생물학의 관점에서 봤을 때 우리의 '내면의 시계'는 사회의 가속화에 쉽게 적응하지 못한다. 우리가 시간에 직접적으로 영향을 미칠 수는 없기 때문에, 변화된 자기위기 관리 방식이나 다른 전략들을 통해 상황을 통제할 필요가 생긴 것이다.

(2.10) ─────── **나중에 해야 할 일까지 오늘 해야 하는 것일까?**

이것은 아마 탈권위적인 교육(1920년대 이론의 기초가 만들어지고, 1960년대 유행했던 교육운동으로, 교육에서 전통적인 권위를 배제하고 아이들의 자율성과 창의성을 키워주자는 주장을 했다.-옮긴이)의 시대에 살았던 아이들에게 던졌어야 할 질문일지도 모르겠다. 아이들은 스스로 조직을 만들어내기 위해 애써야만 했다. 자유로 인해 생기는 이러한 불편함은 이제 일의 영역으로 넘어갔다. 회사에서 일을 하든, 독립적으로 일을 하든 전체 일의 역사 중 어느 때보다 더 많은 자유가 주어졌다. 하지만 칼 크라우스Karl Kraus가 강력하게 표현했던 것처럼 정보기술에 발전의 흔적을 남겼다.

이 분야에 대한 더 적절한 설명은 자기 조직을 위한 과도한 요구라고 할 수 있을 것이다. 우리는 자유에 대해서는 이미 많이 배워서 알고 있지만 업무

위기가 될 수도 있는 결정의 자유

와 관련된 자유에 대해서는 배운 적이 없다. 학교도 여전히 꽉 짜인 시간표와 지시에 의해 과제를 수행하는 시스템을 유지하고 있다. 개선되었다고 하는 BA Bachelor of Art(학사 과정)도 여전히 엄격한 체계 아래 빡빡한 수업 계획으로 진행되고 있어 안타깝다.

그런데 일의 영역으로 들어오면 모든 것이 완전히 다른 방향으로 전개된다. 조직사회학자 한스 폰그라츠Hans Pongratz와 귄터 포스Günter Voß는 노동자에게 훨씬 더 많은 자유를 주는 새로운 유형의 인력 파견 에이전시에 대해 설명했다. 이렇게 새로운 기업 형태의 특징을 알면 디자이너들에 대한 이야기를 믿게 될 것이다. 인력 파견 에이전시는 노동력을 다른 기업이나 시장에 제공할 수 있는 재화처럼 간주한다. 그들에게 요청받은 대로 업무 스케줄과 휴식 시간, 계약 종료 시점, 휴가 기간 등에 대해 계획을 세운다. 가끔 디자이너가 어디에서 일할지 정하는 것도 파견 회사의 몫이 된다. 고객이나 고용주의 유일한 관심사는 실적뿐이다. 철저한 자기 상품화를 유도한다. 권한을 받은 만큼 스스로 책임져야 하고, 업무가 완료될 때까지 에너지를 관리해야 한다. 회사는 자유 시간에도 일하는 사람들의 '시장가치'를 최적화해야 한다(현실적으로 여러분도 이 책을 사무실에서 업무 시간이 아닌 '자유 시간'에 읽고 있을 것이다!).

새로운 업무 문화는 전형적인 시간 배분에서 탈피한다. 학교에서 종이 울리면 모두가 복도를 지나 운동장으로 뛰어나간다. 외견상으로는 사회생활에서도 똑같이 스물네 시간이 주어지고 누구나 자신이 얼마나 오래, 어떤 일에 참여할지 결정할 수 있는 것처럼 보인다. 하지만 이 같은 자유는 스스로 선택한 것이 아니고 다른 사람이 정한 것이다. 또 많은 사람들이 받아들이고, 해방구로 여겨진다고 할지라도 게으름은 부담스러운 단점이 된다. 휴가 기간이 달

일상에서 창조적으로 일하라

제대로 일하라 ──────────────── 시간을 실용적으로 사용하기   53

혼자서 일하라

다른 사람을 위해 일하라

다르게 일하라

일하지 말라

력에 표시되어 있는지 살피느라 시간을 허비해서는 안 되기 때문에 오늘 당장 정리해두어야 한다. 직업적인 환경 조건이 자주 변하기 때문에 보통 계획을 세워도 불확실한 경우가 많다. 이 점이 두드러진 심리적인 부담이 될 수도 있기 때문에 능란한 커뮤니케이션이 요구되며 식사 시간도 확실히 해야 한다. 문자 메시지나 전화, 이메일이 우리의 계획을 무너뜨릴 때도 있다. 논리적인 시간 플래너, 빠른 미디어, 효과적인 생각을 이용할 수 있지만 개인적인 영역까지 챙길 수는 없다.

　사회학자들은 '활동과 커뮤니케이션 수단'이 일을 사생활의 영역으로 확장시키면서 자기합리화도 심해졌다고 주장한다. 자유 시간은 별도로 주어져야 한다. 친구나 연인과 '약속하는 것'도 마찬가지이다. 하지만 휴가지에서조차도 휴대전화나 이메일 혹은 사내 인트라넷에 접속이 가능하다. 많은 사람들이 미디어의 공격에 굴복하고 언제나 연락이 가능해야 한다는 강요를 받아들여야 한다. 새로운 미디어 시대의 이런 유아기적 질병을 치료하는 데는 아직 많은 시간이 걸릴 것으로 보인다. 그러는 사이에 '심리적인' 질병들이 심각한 위협이 되기도 하고, 국민경제에 부담이 되기도 한다.

(2.11) ──────────── 시간을 실용적으로 사용하기

시간 관리를 잘하기 위한 규칙은 우리의 타고난 천성에는 반하는 일이다. 시간 관리에 대해 진지하게 생각하지 않는 사람은 일반적으로 아침에 일어나면서부터 많은 실수를 하게 된다. 업무 스트레스가 낮기 때문에 결과도 없다. 비경제적인 활동을 하더라도 하루 중 서너 시간 정도는 강도 높게 일하도록 배분할 수 있을 것이다. 하지만 이 같은 일은 경제적으로 행동하는 것이 아니다. 더 도전적인 일을 하루 다섯 시간 이상 여러 날 동안 해야 한다면 엄청나게 지치게 될 것이다. 결과에 만족하지도 못한 채 저녁에 피곤함만 느끼게 된다. 그 이유는 무엇일까?

(2.12) ──────── 마감 시간만 맞추면 되는 것일까?

'만약 현실적인 목표에 도달하지 못하면 실패하는 것이다.'라는 생각을 가진 사람은 공식화된 목표를 작성하지 않고 일을 시작하게 된다. 어떤 사람들은 참지 못하고 업무를 시작하거나 일에 덤벼들며 이메일을 열어본다. 하지만 이 같은 행동은 많은 불이익을 가져온다. 달리기를 하는 사람은 1,000m 달리기인지 42km 마라톤인지에 따라 속도를 조절해야 한다. 오전에 일을 마칠 수 있는 단거리 경주인지 아니면 마라톤인지 알지도 못한 채 업무를 시작하는 사람은 실패하기 쉽다. 14km 정도 달리고 나서 불만족스럽거나 지쳐서 좌절하게 되는 것이다. 그는 단거리인지 장거리인지를 선택해야 한다는 것조차 알지 못하고 있다. 또 자신이 너무 빠르게 달리고 있는지 느리게 달리고 있는지 판단할 수도 없다. 그는 단지 자신이 목표 지점에 서 있는 것을 상상해볼 뿐이다. 미리 계획을 잘 세워야만 목표에 도달할 수 있다!

시간 관리 전문가 알렉 매켄지Alec Mackenzie는 자신의 스테디셀러인 『시간 함정The Time Trap』에서 "무조건 미리 목표를 정하면, 간단한 것도 실수하지 않을 수 있고 운 좋게 목표에 도달하게 된다."라고 말했다. 분주하지 않게 짧은 명상이나 하루 계획을 하면서 하루를 시작하자. 전문가들은 이 시간을 '고요한 시

단계적 승리
/
미리 생각해보고 계획하기

일상에서 창조적으로 일하라

제대로 일하라 ─────────────── 마감 시간만 맞추면 되는 것일까?   55

혼자서 일하라

다른 사람을 위해 일하라

다르게 일하라

일하지 말라

간'이라고 부른다. 어떤 일을 해야 할지 계획하기 위해서는 누구의 방해도 받지 않는 시간이 필요하다. 전화와 이메일의 홍수에 빠지기 전에 단 10분이라도 투자해 계획을 세운다면 여러분의 하루는 완전히 다르게 진행될 것이다. 그러면 훨씬 더 생산적이고 힘도 덜 낭비하게 될 것이다.

하루의 업무 시간을 확실하게 계획하는 것 또한 단기적인 목표에 해당한다. 늦게까지 사무실에 남아 있어야 하는지, 아니면 퇴근 후 저녁 7시에 약속이 있는지 등의 간단한 질문이 하루를 계획하는 데 필요하다. 저녁 8시에 극장에 도착해 자리에 앉기 위해서는 그 전에 뭔가 먹어야 하고, 아마 옷도 갈아입어야 할 것이며, 어떤 교통수단을 이용할지도 결정해야 한다. 언제쯤 사무실에서 나서야 할지도 알고 있을 것이다. 오후 5시 정도에 간단한 회의에라도 참석하게 된다면 약속에 맞춰 서두르느라 매끄럽지 못한 진행을 할 수도 있다. 하루를 시작하면서 미리 계획했다면 업무를 일찍 끝낼 수도 있었을 것이고, 아니면 약속을 다른 날로 미룰 수도 있었을 것이다.

결론적으로 언제 출발해야 할지, 아침에 혹은 그 전날 미리 계획하고 머릿속에 기억해야 한다. 계획을 세우면서 이런 시나리오를 한번 그려보자. 여러분은 오전 내내 중요하지 않은 이메일 때문에 시간을 허비했다. 늘 그렇듯 중간에 자꾸 일이 생기는 바람에 오늘 꼭 처리해야 할 업무를 오후 4시가 되어서야 시작할 수 있었다. 사무실에서 늦게 떠났기 때문에 저녁을 먹지도 못했고 차는 신호에 걸려 극장에 너무 늦게 도착했다. 극장에 도착한 뒤 자리를 찾기 위해 다른 관객들 앞을 지나가야 하는데, 그들은 여러분 때문에 일어서야 한다는 사실에 짜증을 낸다. 몸은 땀으로 범벅이 되었고, 셔츠에는 커피 얼룩이 묻어 있으며, 배에서는 '꼬르륵' 소리가 나는데 애인은 화를 내면서 이미 자리에 앉아

우선순위 정하기

있다. 그리고 휴대전화까지 울리기 시작한다.

그날 저녁이 과연 즐거울까? 밤에 푹 자고 기운을 회복해서 다음 날 아침 출근할 수 있을까? 계획을 세울 단 몇 분의 시간을 챙기지 않았다가 하루 업무가 흔들리고 자유 시간에는 부담만 남게 된다.

마라톤에서 선두로 달리게 되면 다른 것들이 보인다. 일반적으로 우리는 마감 직전이 가장 견디기 힘들다는 것을 알고 있다. 하지만 계획을 세우는 단계에서 미리 이러한 환경 조건을 예상한다면 이 단계를 즐기기는 힘들더라도 견딜 수는 있을 것이다. 업무에 대한 부담 때문에 '자신으로부터 유발되는' 스트레스의 원인이 생겨난다. 이 부분에서 프로젝트 회의에서 이야기된 표석이 되는 목표가 정해지는 것이다.

무엇보다 여러분은 엄격하게 휴식을 챙겨야 한다. 높은 집중력을 발휘할 수 있는 시간은 40분 정도를 넘지 못한다는 것을 명심해야 한다. 하지만 스트레스가 많으면 이 정도도 어렵다. 집단적인 스트레스와 규칙은 기적을 만든다. 모두가 한 시간 동안 점심을 먹고, 오후에는 10분씩 두 번 쉬고, 저녁도 사무실 밖에서 한 시간 동안 먹고 나면 생산적으로 야근할 수 있는 힘이 아직도 남아 있게 된다. 3일 연속으로 야근을 한 사람은 반드시 짧은 휴가라도 가야 한다. 함께 마감일을 향해 질주하는 와중에 누가 언제 휴가를 받을지도 결정해야 한다. 반나절 정도의 휴가에 대한 기대가 큰 동기부여가 되고 에너지도 비축해준다.

휴식은 철저하게!

일상에서 창조적으로 일하라

제대로 일하라 ───────────────────── 마감 없는 목표는 꿈일 뿐이다   57
혼자서 일하라
다른 사람을 위해 일하라
다르게 일하라
일하지 말라

(2.13) ──────────── **마감 없는 목표는 꿈일 뿐이다**

목표는 동기부여를 해줄 수 있을 만큼 까다로워야 한다. 또 프로젝트를 완성하는 데 최소 3주가 걸리는 장기적인 목표와 세 시간 정도면 되는 단기적인 목표를 구분해야 한다. 목표는 무조건 마감 시한 안에 완료되어야 하는데 그렇지 않으면 아무 소용없는 일이 된다.

마감이 없는 목표는 꿈일 뿐이다. 담배를 끊는 것은 어려워 보이지만 죽은 다음에는 저절로 금연이 된다. 하지만 오늘 저녁 8시 이후에는 담배에 불을 붙이지 않겠다고 결심하는 것은 흡연자에게 목표가 될 수 있다. 다른 사람에게 자신의 목표를 알리는 것도 도움이 된다. 우리의 야망에 대해 다른 사람에게 알리면 그들은 우리에게 그 야망으로부터 무엇을 얻을 수 있는지 물을 것이다. 이렇게 사회적인 약속이 이루어지고 동기부여가 생겨나는 것이다.

기한이 정해진 목표는 예상 가능하고 적어도 검증 가능한 것이어야 한다. "오늘 한 단계만 더 나아가면 돼."라는 말은 애매하고, 라인강에 물 붓기 격으로 소용없는 일이다. 얼마나 큰 발걸음이어야 할까? "12시까지 새 로고에 대한 디자인 초안을 책상 위에 올려놓겠다."라는 말은 12시가 되면 검증 가능해진다. 마감 시한을 분명하게 정해야 목표를 달성할 수 있는 것이다.

목표가 확실하면 정돈도 되고 심리적으로도 편안해진다. 세부적인 목표를 달성하고 나면 그 이상의 뭔가를 이룰 수 있게 된다. 그리고 놓친 부분이 무엇지에 대해서도 확실하게 다시 생각해보아야 한다. 계획 단계에서 뭔가 잘못된 것이 있었다면 그게 무엇일까? 무질서하게 불만이 팽배한 것보다는 이 같은 과정이 훨씬 더 일에 도움이 되고 생산적이다. 더구나 이 목표에 대한 계획

계획도 확실히

은 여러분이 매일같이 마라톤을 달릴 수 없다는 것을 일깨워준다. 장거리와 단거리를 한꺼번에 달릴 수는 없다.

(2.14) ──────── **목표 정리하기: 우선순위 정하기**

업무 시간 동안 처리해야 할 일을 확인했다는 것만으로도 중요한 첫걸음을 내딛은 것이다. 우선 목표는 문자화될 수 있어야 한다. 하얀색 종이에 검은색으로 글씨를 쓰고 나면 여러분이 무엇을 해야 할지, 저녁 때까지 체크해야 할 것이 무엇인지 그리고 할 수 없는 것도 확실하게 알 수 있게 된다. 아주 간단한 일일지라도, 업무를 마친 뒤에 체크하게 되면 심리적 만족도가 높아진다. 두 번째로 중요한 단계는 우선순위에 따라 목표를 정리하는 것이다. 미리 업무에 대한 마인드맵을 그려보았다면 이제 업무가 순서대로 정리되었을 것이다. 대부분의 작가들이 '아이젠하워 방식Eisenhower Methode'을 추천한다. 이 방식에서는 업무를 두 가지 영역, 즉 중요도의 차이에 따라 혹은 시간적으로 급한 정도에 따라 나눈다. 매일 아침 계획을 세울 때 업무의 우선순위 매트릭스를 정리해보자.

	긴급함	급하지 않음
중요함	A	B
중요하지 않음	C	D(휴지통으로……)

전문의이자 피로증후군 전문가인 다그마르 루반들Dagmar Ruhwandl은 중요하면서 긴급한 업무는 '즉시 처리할 것'을 권한다. 항상 하루의 업무를 우선순위가

우선순위표

일상에서 창조적으로 일하라

제대로 일하라 —————————————— 목표 정리하기: 우선순위 정하기   59
혼자서 일하라
다른 사람을 위해 일하라
다르게 일하라
일하지 말라

높은, 즉 A영역에 있는 목표와 함께 시작하는 것이다. 그러기 위해서는 이메일
이나 잡다한 일을 먼저 처리하면 안 된다.

하지만 우리는 종종 그 반대편에서 '분쟁을 조정'하거나 사소하고 중요하
지 않은 문제부터 해결하려고 한다. 남은 시간에 중요한 일에 전념하기 위해서
이지만 이 같은 방식은 틀렸다. 사소한 문제들은 힘이 적게 들기 때문에 업무
시간의 마지막에 해도 된다. 하루 계획을 세운 뒤 곧장 가장 중요하고 급한 업
무를 높은 집중력과 충분한 에너지를 쏟아 해결하는 것이다. 점심시간이 되어
나가기 전 세 시간을 중요한 업무를 해결하느라 애쓰면 만족스러운 기분이 들
것이다. 그 세 시간을 '더 빨리 처리할 수 있는' 일들에 허비하면 남아 있는 중
요한 업무들이 목을 죄어올 것이다.

동료들이나 고객들은 일이 얼마나 진척되었는지 물어올지도 모른다. 다른
업무를 해야 할지도 모른다는 짐작으로 양심의 가책을 느끼게 될 것이다. 원한
다면 중요하기는 하지만 아직 급한 일은 아닌 목표 B를 실행해도 된다. 마음속
에서 중요하게 생각해야 할 것은 시간이다. 여러분에게는 아직도 의미 있게 업
무를 계획할 자유가 있다. 그동안 받아온 교육을 통해 이 상황에 대해 알 수 있
을 것이다. 특히 대학생들의 경우 숙제나 시험 공부를 하는 데 문제가 생겼다면
단순한 일부터 시작하는 게 도움이 된다. 시간이 지나면 여전히 중요하면서 긴
급한 일로 남아 있는 목표 A로 이어진다. 연구에 따르면 게으름을 피우는 것보
다는 괴로워하는 것이 낫다고 한다. 일단 교육을 받고 수련이 끝나면 안타깝게
도 일의 세계로 들어가야 한다. 이제 행동에 대한 위험이 배가된다.

각각의 계약에 대해 누가 마감 시한을 넘기고, 누가 고객을 잃게 될 것인
가? 스트레스가 높아질수록 에너지의 손실이 커진다. 목표 C는 전형적인 시

중요한 것을 위한 시간

간 죽이기이다. 종종 아무것도 아닌 업무를 해야 할지도 모른다는 두려움 때문에 내면적인 스트레스를 받는다. 아주 급한 것은 전화를 거는 것인데, 전화벨이 울리면 '당장' 답해야 하기 때문이다. 하지만 전화로 전해지는 정보들은 중요한 것도 있지만 아닌 경우가 더 많다. 2주 안에 프린터 잉크 카트리지가 빌 것이라고 알려주는 표시창이 당장 일을 중단하고 잉크 카트리지에 신경 써야 한다는 것을 의미하는 것은 아니다. 이와 비슷한 업무들은 다른 사람에게 맡겨 일을 줄이거나 없애야 한다. 따라서 누가 여러분을 위해 어떤 업무를 대신해줄 수 있는지 제대로 생각해보아야 한다.

많은 사람들은 사소한 일도 놓지 못한다. 아직도 많은 경영자들이 복사기 앞에 서 있다. 이는 대단한 노력이 아니라 에너지 낭비이며, 특히 업무적인 스트레스가 높아진다. 모든 것을 최대한 빨리, 잘해야 한다는 생각은 머릿속에서 날려버려야 한다. 그리고 스스로 다 하려는 사람은 장기적으로 봤을 때 많은 시간을 놓치게 된다. 스트레스의 단계에 대한 인식이 왜곡되었기 때문에 중요하지도 급하지도 않은 일부터 챙기게 될 수도 있다. 이제 여러분은 실제적으로 시간을 아낄 수 있게 되었다. 지금 하고 있는 일을 멈추고 덜 중요한 일을 하면서 기분을 전환해보자. 다른 영역으로 돌아갈 에너지를 비축하기 위해 D영역의 일을 해보는 것이 도움이 될 때도 있다. 시간에 대한 스트레스가 심하면 곧 비게 될 잉크 카트리지를 미리 주문해놓는 것도 불필요하게 보이고, 하드디스크의 조각 모음도 시간이 오래 걸리는 것 같은 생각을 하게 된다.

목표를 리스트로 작성하고 우선순위표를 정리하는 것은 약간의 시간만 사용하면 되지만 그 값어치를 충분히 한다. 일반적으로 목표와 하루 계획은 두뇌가 휴

미루는 것도 배워보자

일상에서 창조적으로 일하라

제대로 일하라 ───────────────── 너무 늦으면 목표를 잊게 된다   61

혼자서 일하라

다른 사람을 위해 일하라

다르게 일하라

일하지 말라

식 시간을 놓치거나 비생산적인 일에 시간을 소모하는 것을 막아준다. **목표를 너무 빨리 포기할 필요는 없다. 하지만 너무 완고하게 그것을 이행하려고 하는 것 또한 의미가 없다. 동료가 아프거나, 예측하지 못했던 일이 생기거나, 우선순위가 바뀌는 등 조건이 변하면 목표도 이에 따라야 한다.**

어떤 날은 계획이 일그러질 수도 있다. 하지만 기존의 계획을 새로운 목표에 맞게 변경시킴으로써 기존의 목표로부터 벗어날 수도 있다. 이런 위기는 갑자기 들이닥치는데 크게 한 번 숨을 쉬고 10분 정도의 짬을 내서 새로운 목표와 우선순위를 의미 있게 변경하면 된다. 위기를 극복하고 나면 어느 부분으로 돌아갈지 알 수 있게 된다.

(2.15) ───────────── **너무 늦으면 목표를 잊게 된다**

지하철역까지는 같은 거리인데 왜 늘 지하철을 놓치게 되는 것일까. 이는 간단하게 해결될 문제일 수도 있다. 자신의 집에서 지하철역까지 걸어서 가든 차를 타고 가든 거리에 대한 객관적인 소요 시간을 재보면 된다.

예를 들어보자. 지하철역까지 12분 걸린다. 빨간 신호등 때문에 멈춰 있어야 하는 몇 분은 계산하지 않은 시간이다. 그러므로 여러분은 적어도 25분 전에는 출발해야 한다. 하지만 이는 이론일 뿐이고 아무도 일상생활에 대해 이렇게까지 세밀하게 연구하지는 않을 것이다. 주관적인 견적을 가지고 밖으로 나가는 것이다. **10분 안에 도착할 수 있다고 생각하기 때문에 늘 늦게 된다. 많은 사람들이 이런 현상에 대해 알고 있고, 그래서 시간에 대한 연구에도 관심을 가진다.**

도움이 되도록 계획 세우기

/

시간 아끼기

/

시간 측정

이러한 실수의 원인이 되는 기억의 착오에 대해 생각해보자. 취리히의 직업심리학자 코르넬리우스 쾨니히Cornelius König 와 마르틴 클라인만Martin Kleinmann은 "사람들은 이미 완료한 업무를 기반으로 새로운 업무에 대한 예상을 할 때, 그 가치를 과소평가하는 경향이 있다."라고 말했다.

정류장까지는 적어도 15분 걸리지만, 우리의 기억 속에는 그 길이 훨씬 짧았던 것으로 남아 있기 때문에 10분이면 충분하다는 판단을 하게 된다. 비슷한 현상은 돌아오는 길에도 더 멀더라도 아니면 더 짧더라도 일어나게 된다. 많은 도시 거주자들은 집으로 돌아올 때는 지하철역까지 다른 길을 이용하는데, 다른 길이 더 짧은 것처럼 보이기 때문이다. 이와 같이 시간을 측정하는 데는 논리적인 방식이 아닌 심리학적인 법칙을 따른다.

시간을 사용하는 것에 대한 실험에서 나타나는 또 다른 현상은 '우선순위를 변경'하는 경향이 있다는 것이다. 목표를 따르는 사람은 이것을 장기적인 것과 단기적인 것으로 구분한다. 아마 장기적인 목표는 30일 이상 걸리는 대규모 프로젝트이며 얼마나 많은 시간과 노력을 기울여야 할지 짐작이 될 것이다.

이제 여러분은 야심차고 완벽하게 업무에 집중해야 한다. 처음 5일 동안은 한눈도 팔지 않고 목표를 향해 나아간다. 그러고 나서 심리학이 작용한다. 25일도 넘는 긴 기간임을 감안할 때 단기적인 다른 작업들 때문에 혼란스러워지기 시작한다. 여러분은 마법사가 된 것처럼 우선순위를 변경한다.

또 다른 예를 들어보자. 여러분은 최신 정보를 파악하기 위해 더 많은 전문 잡지를 읽겠다는 장기적인 계획을 세웠다. 새로운 홈페이지 전문 잡지나 벽지 전문 잡지를 구독하기 위한 첫 단계는 소파에 파묻히는 것이다. 물론 부록

목표에 따라
/
기분 전환

일상에서 창조적으로 일하라

제대로 일하라 ─────────────────────── 너무 늦으면 목표를 잊게 된다   63

혼자서 일하라

다른 사람을 위해 일하라

다르게 일하라

일하지 말라

도 선택하는 데 한몫한다. 사무실에서 집으로 돌아가는 길에 여러분은 스스로에게 다짐한다.

'오늘은 잡지를 읽어야지.'

하지만 집에 도착하면 금세 TV를 켜고 그 앞에 매달리게 되는 상황을 피할 수 없다. 기분 좋게 채널 돌리는 단기적인 행동이 점점 발전하는 전문적인 교육의 기회와 싸워 이기게 되는 것이다. 이러한 치명적인 심리적 현상이 아마 TV나 유사한 오락기기들이 성공을 거둔 근거가 되었을 것이다. 선호하는 것이 변하는 것은 한 가지에 집중하는 능력이 없기 때문이다. 마음은 계속 갈팡질팡하고 집중해야 할 것이 있지만 연습은 거의 하지 못한다. 큰 책임감 때문에 공포를 느낄 때도 있으므로 중요한 것들로부터 기분 전환을 하는 것도 환영할 만하다. 단기적으로는 만족스럽게 기분 전환이 될 수 있지만 당연히 보복이 돌아온다. 의도된 목표에 늦더라도 도달하겠지만 시간적인 압박이 엄청날 것이다.

기억의 오류나 주변 환경의 변화는 심리적인 현상을 확산시키지만, 이에 대해 우리는 무기력하고 정해진 규칙도 없다. 대부분의 경우와 마찬가지로 심리학은 누구나 아는 뭔가에 대해 다루고 있지만 방법적인 부분은 잘 알려져 있지 않다. 하지만 마지막 페이지까지 읽고 나면 여러분은 어떤 경우가 불확실한지 직관적으로 결정하게 될 것이다.

이제 우리는 산만하고 틀렸다는 평가를 받는다. 이미 '환경의 변화'라고 쓴 포스트잇을 책상에 붙여놓고 가벼운 게임으로 기분 전환을 할 수 있다는 것을 일깨우지만 정말 기분 전환이 될지는 마지막이 되어야만 알 수 있다. 시간을 다루면서 일상생활의 위기에 대해 알게 되면 더 현명하게 행동하는 데 도움이 된다.

(2.16) ——————————————— **시간은 어디에 있는가?**

'천재들이 혼돈을 지배한다.'라는 오래된 편견이 있다. 그리고 많은 사람들이 창의성과 혼돈 사이의 관계를 통해 영감을 받는다. 프리드리히 니체Friedrich Nietzsche는 "자기 안에 카오스(혼돈)가 있어야 춤추는 별을 낳을 수 있다. 인간은 춤추는 별을 낳기 위해 자기 안에 혼돈을 품고 있어야 한다."라고 말했다.

이 말은 아주 멋지게 들리지만 이러한 내면의 혼란을 사무실에서 동료들과의 관계 속에서 살필 수 있어야 한다. 믿기 힘들겠지만, 니체는 자신의 메모나 아이디어들을 '정리하지 않고' 관리했는데 그의 중요한 작품들은 확실한 선견지명 없이는 쓰일 수 없었을 것이다. 그는 노년에 정신질환에 시달리고, 일상에서는 훨씬 심한 무질서가 지배했지만 다른 사람들이 그의 메모를 정리하고 발표했다.

사무실에서 일하는 사람들은 근무 시간 중 한 시간가량을 검색하는 데 쓰고 있다고 추산된다. 여러분이 당장 지루하기 때문이라면 큰 문제가 아닐 수 있다. 그렇지 않다면 마지막 이메일에서 고객이 요청한 수정할 점이 무엇인지 파악하는 것이 훨씬 도움이 될 것이다.

시간 허비와 오류의 원인 중 가장 큰 부분은 바로 무질서이다. 이 무질서가 시간을 엄청나게 잡아먹고 스트레스의 원인이 될 수도 있다. 스트레스를 많

이데올로기로서의 카오스
/
시간을 낭비하게 만드는 무질서

일상에서 창조적으로 일하라
제대로 일하라 ———————————— 시간은 어디에 있는가?　　　　　　65
혼자서 일하라
다른 사람을 위해 일하라
다르게 일하라
일하지 말라

이 받고 있는 상황에서 급히 찾고 있는 것을 못 찾는다면 스트레스는 더 심해진다. 스트레스를 진정시키는 것보다 먼저 정리하는 것도 도움이 된다. 사람들은 스트레스 상태를 내면의 무질서가 더 심해지는 형태로 정의하기도 한다.

정원의 편안하고 엄격한 미학에 대해 상상해보자. 서류 보관함이나 파일에 정리해둔 계약서에 나와 있는 대로 에이전시에 해줘서는 안 된다. 여러분에게 필요한 정보가 빠져 있거나 이미 다른 사람이 완료한 일이 무엇인지를 알지 못하면 업무에 대한 어떤 예상도 할 수 없게 된다. 날짜나 정보, 거래처 연락처 같은 것을 열심히 모으기 위해 노력했던 시간들이 의미 있게 쓰여야 한다.

여러분이 자신의 사무실을 온전히 장악해도 될지 혹은 다른 사람의 일에 개입해도 될지를 얼마나 확실하게 판단할 수 있는지가 문제이다. 프리랜서는 효율적인 작업에 필요한 정돈을 주관적으로 자유롭게 구축할 수 있다. 최상의 정리 기준은 상업적인 기반에서 이루어져야 한다.

제안서, 계산서, 소득세 신고, 예술가 사회보험과 보험은 정교하고 꼼꼼하게 정리해야 한다. 영수증이나 계산서를 세무사에게 맡겨서 신고하지 않으면 곤란한 상황에 빠질 수도 있다. 최악의 경우 세무 감사를 받게 될 수도 있고 이때 나쁜 인상을 남겨 비싼 벌금을 물거나 법적으로 불쾌한 일을 당할 수도 있다. 재무 서류가 정리되어 있지 않으면 직업 자체가 위협받을 수도 있다. 당연히 창의적인 일을 하는 사무실은 세무사들의 사무실과는 다를 수 있다. 아직은 걱정하거나 후속 문제를 생각하느라 따로 시간을 내지 않아도 된다.

만약 여러분이 어떤 팀 내에서 일하거나 하나의 작업에 대해 여러 사람이 함께 일하고 있다면 정돈의 다른 형태는 필수적이다. 날짜에 대해서도 개입하

기준 설정

고 모든 정보를 요청해야 한다. 동료가 포상으로 휴가를 받을 때도 확실하게 할 필요가 있다. 팀 내에는 주문에 대한 규칙만 있는 것이 아니라 결정하고 협상하는 것에 대한 규칙도 있다. 종종 여러분이 먼저 사무실 내의 질서에 적응할 수도 있다. 지속적으로 발생하는 실수의 원인이 줄어들고 최악의 경우로 치닫지 않는 것은 조정이 효과를 보이는 것이다. 단순한 정리의 규칙이 큰 장점을 가진다는 것을 보여주는 것이다(대화는 복잡하고 형식적인 구조가 아니라 그 자신의 생활에 대한 것이어야 한다).

고객도 여러분의 무질서를 참아야 한다면 짜증이 날 것이다. 예를 들어 반복해서 틀린 전화번호를 누르거나 잘못된 주소로 제안서를 보내는 등의 무질서는 여러분을 어려운 상황에 빠지게 할 수도 있다. 여러분에게는 이해할 만한 사소한 일이라고 생각되겠지만 여러분의 작업에 대한 평가에 영향을 주게 될 것은 분명하다. 한 번에 실수를 알아채지 못했을지라도 모든 무질서는 추가적인 수습을 필요로 한다. 모든 미팅 날짜나 작업 완료 날짜를 일반적인 형식으로 정리해놓아야 한다. '제안'에서 '수정'을 거쳐 '인쇄 작업'을 하고 '계산'까지 마치는 전 과정을 빠르게 판단할 수 있어야 한다. 날짜나 담당자 이름도 함께 표시를 해 누구나 한눈에 상황을 판단할 수 있을 정도면 충분하다. 보통의 일정표에 간단한 방식으로 작성하는 것도 쓸모 있다. 뭔가를 잊는 것만 피하면 된다.

또 다른 시간 잡아먹는 괴물은 혼자서 모든 것을 해결하려는 충동이다. 심리학자들은 이 문제가 일을 내려놓지도 못하고 모든 것을 제어하려는 것 때문에 생기는 것이라고 본다. 단순 업무를 다른 사람에게 맡길 수 있는 것은 서열의 긍정적인 측면이라고 볼 수 있다. 예술감독이라면 어시스턴트로 일하는 다른 사람에게, 에이전시의 사장이라면 비서에게 일을 맡길 수 있다. 수습 기간

다른 사람들도 편하게 만들어준다
/
업무 내려놓기

일상에서 창조적으로 일하라

제대로 일하라 ─────────────────── 시간은 어디에 있는가?   67

혼자서 일하라

다른 사람을 위해 일하라

다르게 일하라

일하지 말라

중 커피나 우유를 준비하거나 복사 같은 허드렛일을 하는 것(의미 있는 범위 내에서)은 아주 당연한 일로 여겨진다. 기존의 그래픽디자이너나 예술감독은 더 의미 있는 작업에 시간을 쏟아야 하기 때문이다. 이런 임무를 맡는 데도 경쟁과 용기가 필요하다.

일을 맡기 위해서는 주제넘거나 이기적이면 안 되고 현명해야 한다. 그리고 심리 게임에서 확실하게 관점을 반전시킬 수 있는 이해력도 필요하다. 시간이 별로 없다고 스트레스에 시달리는 동료를 외면할 것인가. 자연스럽게 동료를 돕고, 어떤 경우에는 다른 사람의 도움을 기대하면서 일할 때도 있을 것이다. 같은 서열에 있는 사람들끼리는 서로 '주고받는' 협력을 유지해야 한다.

동시에 여러 업무를 해내기 위해 노력하다 보면 많은 시간을 놓치게 된다. 멀티태스킹은 불안을 상승시키고 많은 시간을 허비하게 만든다. 하지만 우리는 일이 더 빨리 진행되고 있다는 느낌을 받는다. 사실 행동은 더 느려지고 실패율은 더 높아지는 것에 대한 인식을 할 필요가 있다. 런던 킹스칼리지의 심리학자 글렌 윌슨Glenn Wilson은 업무 시간에 이메일 때문에 주의력이 산만해지는 고용인들에 대한 연구를 했다.

우리는 적어도 하루에 두 시간 이상을 불필요한 이메일에 답하느라 허비하고 있다. 조사 대상 중 한 그룹은 업무를 해결하는 사이에 수많은 이메일이 폭발한다. 이 그룹의 IQ를 재보면 10점 정도가 낮아지는 것을 발견할 수 있는데 지속적인 방해가 머리를 나빠지게 만드는 것이다. 그들의 머리가 얼마나 나빠졌는지는 비교 그룹을 살펴보면 알 수 있다. 해시시를 피우면 IQ는 4점 정도 낮아진다. 루반들은 "이메일이 도착했다는 알림 서비스 때문에 계속

멀티태스킹이 시간을 아껴주진 않는다

업무를 중단해야 하는 사람은 '마리화나 중독 상태'에서 일하는 것과 같다."라고 말했다. 스팸메일이라도 읽게 되면 기분이 안 좋아지고, 늘 이메일을 확인해야 한다는 불안감을 갖게 된다는 이야기이다. 불안의 심리를 잘 다루고 있는 것이다.

　응급실 의사나 소방관들은 항상 외부 호출에 대한 준비가 되어 있어야 한다. 하지만 이메일에 빠른 답을 하는 것에 대해서는 보상이 없다. 무엇 때문에 이메일에 즉각적으로 답해야 한다는 생각을 하게 되었는가. 업무를 해결하는 것과 관련해서도 이해할 만한 이유가 많지는 않다. 만약 한 번에 한 가지 일에만 집중할 수 있다면 보다 적은 에너지를 필요로 할 것이다. 이에 따라 실수는 줄어들고 정확성은 높아질 것이다. 회의에서 상대의 말에 집중하게 되면 정보를 더 잘 받아들일 수 있을 것이다. 통화 상대도 전화기 너머 키보드 두드리는 소리가 나지 않는다면 자신의 말에 집중하고 있다는 것을 눈치채고 고마운 마음을 가지게 된다.

또 스트레스를 받는 상황에서도 우리는 부탁을 뿌리치지 못한다. 종종 불친절한 사람들의 부탁은 전혀 문제가 되지 않지만, 더 힘든 것은 좋아하는 사람들이 친절하게 부탁을 할 때이다. 그런 경우는 심리적인 메커니즘에서도 쉽지가 않은데 다른 말은 생각도 나지 않고, 이미 'Yes'라고 말하는 아이러니한 표현을 하게 된다.

　이런 점이 큰 스트레스가 될 수 있다는 것은 누구나 알고 있다. 그들을 도울 시간이 있을 때도 있지만 추가로 일하기 힘든 상황도 있는 것이다. 그래서 우리는 'Yes'라고 말하면서도 양심의 가책을 느낀다. 그리고 일이 더 많아져

일상에서 창조적으로 일하라

제대로 일하라 ─────────────── 시간은 어디에 있는가?   69

혼자서 일하라

다른 사람을 위해 일하라

다르게 일하라

일하지 말라

서 다른 일에 방해가 되는 것은 아닌지 부담스러워한다. 현실적으로 여성들이 'No'라고 말하는 것을 더 힘들어하는 경향이 있다. 사회는 우리의 이타적인 행동을 통해 영위된다.

　심리학자들은 이를 친사회적 행동이라고 부른다. 즉 이기주의나 쾌락주의의 반대편에 있는 선의로, 주기만 하고 받으려 하지 않는 것이다. 또 세계의 위대한 종교들도 이 같은 윤리적인 행동을 칭송하는데, 특히 기독교에서는 이웃이 자신의 적일지라도 사랑하라고 이야기한다. 보이스는 "나를 위해서는 아무것도 하지 말고, 남을 위해서는 모든 것을 하라."라고 말했다.

　이것은 휴머니즘적인 기본 가치이기도 하기 때문에 문제 삼을 수 없다. 업무적인 관계에서 'No'라는 말을 해야 할 때는 어떤 기준을 정할 수 있을까. 경영자문가 볼프강 호베슈테트Wolfgang Hovestädt는 왜 'No'라는 말을 하는 게 어려운지에 대한 몇 가지 원인을 이야기했다. 예를 들자면 다른 사람을 돕고 싶은 바람, 숨어서 봉사하고 싶은 희망 등이 있다. 또 다른 사람의 도움을 받고 나면 보답해야 할 것 같고, 마치 새로운 과제를 떠맡은 것 같은 느낌이 들 때, 다른 사람을 실망시키게 될까 봐 두려움을 가지게 될 때도 마찬가지이다.

　'No'라고 말하는 것의 배경에는 심리적인 연약함을 감추고 싶은 마음이 숨어 있을 수도 있다. 철학자 클라우스 하인리히Klaus Heinrich는 전설적인 저서 『약점을 극복하고, No라고 말하기 위한 도전Versuch über die Schwierichkeit, Nein zu Sagen』으로 유명하다. 이 철학자는 오늘날 'No'라고 말하는 것이 힘든 원인이 어디에 있고, 어떻게 해결해야 할지를 전하고 있다.

(2.17) ──────── **이타적이고 남을 도와주는 디자이너**

심리학자 프리드만 슐츠 폰 툰Friedmana Schulz von Thun은 자신의 저서 『함께 대화하기Miteinander Reden』에서 'No'라고 말하는 것을 터부시하는 두 부류의 커뮤니케이션 스타일을 제시했다.

한 가지는 도움을 주고 싶어 하는 스타일이다. 그들은 원하는 것을 표현할 뿐만 아니라 다른 사람을 도와줌으로써 힘을 얻게 된다. 이를 통해 자신의 최대 능력을 넘어서기도 한다. 1970년대 말에 있었던 이 같은 현상에 대해 심리분석가 볼프강 슈미트바우어Wolfgang Schmidtbauer는 '돕기 신드롬'이라고 표현했으며, 사회운동에서 다른 사람을 돕는 것에는 이중적인 면이 있다는 것을 발견했다.

그는 "절대적이고 이타적인 행동의 심리적 장점은 도와주는 사람 자신이 가진 어떤 두려움, 즉 보호를 필요로 하는 부분이나 자신의 약한 부분에 대한 것을 떨쳐버리게 해준다는 것이다."라고 설명했다.

원래 교육자나 의사, 치료사, 사회사업가들의 방식이었는데 오늘날에는 다른 직업군에서도 활용하고 있다. 서비스 분야에서는 대인관계가 매우 중요한데, 누가 스스로 다른 사람을 도우려 하지 않을 수 있겠는가. 폰 툰이 이야기한 것처럼 다른 사람을 돕는다는 자기 이미지는 이렇게 표현된다.

'나는 강하고, 아무도 필요하지 않아!'

하지만 이런 슬로건은 시한폭탄과 같다. 겉으로는 무척 강해 보이고, 다른 사람을 무조건적이고 과도하게 도와주면서 'No'라는 말은 거의 하지 않는다. 이런 사람들을 위한 학습 과제는 독립과 필요에 대해 깨닫는 것이다. 그들은 우

돕기 신드롬
/
돕기

일상에서 창조적으로 일하라

제대로 일하라 ──────────── 이타적이고 남을 도와주는 디자이너   71
혼자서 일하라
다른 사람을 위해 일하라
다르게 일하라
일하지 말라

리가 없어도 잘 대처할 수 있어서 "저 사람들은 참 대단해."라고 할 만하다. 여러분은 위기에 빠진 다른 사람을 돕거나 반대로 자신이 위험에 빠지면 도움을 요청하기도 한다. 참여하는 것만으로도 훌륭하지만 그럼에도 불구하고 한계는 있다. 불교는 이기적인 동정심과 배려하는 공감을 구분한다.

'돕는 사람'이라고 불리는 사람들은 높은 지위를 가지고 위에서 도움을 준다. 몇몇 동료나 상사들은 예를 들어 "코렐 드로(오타와의 코렌사가 개발한 벡터 그래픽스 편집 프로그램-옮긴이)를 이용해 어떻게 작업할 수 있는지 보여줄게요……."라며 심지어 우리가 그들보다 더 잘 알고 있는 것에 대해서도 길게 설명하려고 한다. 진짜 전문가인 사람은 '돕는 사람'이 높은 지위를 보여주려고 한다는 것을 금세 알아차릴 수 있다. 또 과도한 도움에는 거만함 같은 것이 뒤에 숨어 있을 수 있는데, 결국 '너는 아무것도 혼자서 할 수 없어!'라는 것을 의미하는 것이다.

'No'라고 말하는 것을 터부시하는 커뮤니케이션 스타일 중 나머지 한 가지는 아직도 계속 변하고 있는데, 아래에서 오는 이타적인 스타일이다. 이타적인 사람들은 자기희생적인 성향이 있어서 마치 목에 항상 'Yes'라고 적힌 푯말을 방패처럼 달고 있는 것 같다. **폰 툰은 "나는 중요한 사람은 아니야. 단지 너를 위해 그리고 다른 사람들을 위해 내가 뭔가를 할 수 있으면 되는 거야!'가 이타적인 사람들의 정신적인 기본 메시지이다."라고 밝혔다.**

이런 방식으로 다른 사람을 정의내리는 사람은 지속적으로 자신의 가치를 깎아내리면서 자기 자신을 무시한다. 지금껏 자신에게 필요한 것은 전혀 느끼지 못하고 있었을 것이다. 이타적인 사람들은 다른 모든 것들을 옳게 만들고 싶어 한다. 그들에게는 중요한 임무를 위한 균형이 중요하기 때문에 'No'라는

도움 거부하기

말을 할 수가 없다. 'No'는 갈등을 유발할 수 있다.

우리에 대한 기대는 종종 모순적이다. 노동계약자들의 세계에서 자기주장은 살아남기 위해 필수적이다(이게 이기적이라는 뜻은 아니다!). 자신에게 필요한 것이 무엇인지 느끼는 사람만이 장기적으로 창의적이고 실력 발휘하면서 일하기 위해 환경적인 조건을 이용할 수 있다. 쉬는 시간을 알리는 종소리가 울리지 않으면 초과근무 시간을 계산하는 타임 레코더는 작동하지 않기 때문에 한계를 정할 책임은 개인에게 있다. 이타적인 사람들은 '나를 말하기'와 'No'라고 말하는 방법을 배워야만 한다. 직장에서의 요구가 심해지면 아무것도 제대로 이룰 수 없을 것이다.

이 두 가지 커뮤니케이션 스타일 모두 다른 사람들을 위해 완벽하게 맞는 퍼즐과 같기 때문에 간섭하고 착취하는 행동은 충분히 설명되어야 한다. 에이전시를 한 번만 둘러보면 자신들에게 요구되는 것에 맞추어 많은 직원들, 특히 젊은 여성들이 일하고 있는 것을 볼 수 있다. 그들은 경계 설정을 제대로 하지 못하기 때문에 'No'라는 말도 하지 못할뿐더러 소득이 낮은데도 밤낮없이 일한다.

단기적으로 생각하는 경영자들은 경제적 이점이 있어 보이는 이들의 심리적 메커니즘을 이용한다. 이타적인 직원과 도우려는 직원들은 스스로 갈등을 피하면서 녹초가 되도록 일한다. 2년 정도 지나 동요가 심해지고 직원들도 체력적인 한계에 도달하면 다음 세대의 이타적인 사람들로 보충하면 된다.

한계 느끼기
/
한계 정하기

일상에서 창조적으로 일하라

제대로 일하라 ——————————————— 'No'라고 말하는 방법 배우기　　　　　73
혼자서 일하라
다른 사람을 위해 일하라
다르게 일하라
일하지 말라

(2.18) ——————————— **'No'라고 말하는 방법 배우기**

'No'라고 말해야 할 때 그렇게 하는 것은 좋은 점도 많고 배울 만한 일이다. 우선 한계를 표시하는 것은 성격을 확실하게 보여주는 것이기 때문에 동료를 진지하게 대해야 한다. 심리학적인 현상과는 반대의 경우이다. 사람들의 동의를 받는 것을 선호하는 것을 'YES 효과'라고 부른다(성공한 세일즈맨들은 이 기술에 숙달되어 있다). 'No'라고 말할 수 있는 사람은 정직하다. 충분히 생각한 다음에 나온 'No'에는 분명한 장점이 있다. 여러분은 자부심 가득하고 예의 바르게 행동함으로써 상황을 장악하게 된다. 무엇보다 자신의 업무를 볼 시간을 얻게 된다. 만약 여러분도 확신할 수 없는 문제에 직면했을 때 가장 간단한 방법은 시간을 확보하는 것이다.

　　아무도 여러분에게 자발적인 결정을 후회하게 만드는 답을 직접적으로 강요하지는 않는다. 내면의 목소리를 듣기 위해서는 직관이 알려주는 답을 살필 시간이 필요하다. 우리가 실제로 직관이 알려주는 답을 관찰할 수 있다면 예상한 합의에 이르게 된다. 늘 'Yes'라고 말하는 사람은 자신의 약속을 자주 취소해야만 하고, 신뢰할 만한 사람이 아니라는 인상을 남기게 된다. 어느 정도 시간이 지나면 생각하는 것을 말하지 않는 사람은 더 이상 믿지 않게 된다.

　　'Yes'는 그 의미를 알고 있을 때만 긍정적인 효과를 풀어낼 수 있다. 그리고 'No'는 거친 톤으로 표현할 때만 조화를 깨게 된다. 평화롭고 친근하면서 근거를 가진 'No'를 말하는 사람은 깊은 이해와 존중을 받을 수 있다. 'Yes'라고 말하면 책임감을 느껴야 하는 것은 분명하지만, 그렇다고 'Yes'라고 말할 책임이 있다는 것은 아니다. 다른 사람보다 스스로에게 더 많은 것을 요구하지 말

진실되게 말하기
/
억양이 음악을 만든다

자. 우리가 'No'라고 말하는 것은 쉽지만은 않은데, 특히 사회생활에서는 더욱 그러하다.

다른 사람은 어떻게 생각할까? 상사에게 'No'라고 말해도 되는 것일까? 이 같은 사회적 약속을 발견하기가 어렵다는 것은 개인적인 문제일 뿐이다. 다른 사람들이 우리에게 질문하는 것은 허용된다. 문제는 질문하는 사람이 아니라 불성실한 답변을 하는 것이다. 'No'라고 생각하지만 'Yes'라고 대답하는 사람은 곳곳에 숨어 있는 심리적인 함정에 빠져 다른 사람에게 과도하게 화를 내게 된다. 그는 다른 사람들도 변할 수 있다고 믿는다. 여기에서 심리학적인 견해를 풀어놓는다. 여러분은 여러분이고, 절대 다른 사람을 변화시킬 수 없다!

많은 사람들이 다른 사람에게 화를 내느라 자신의 에너지를 소모하는 문제점을 안고 있다. 여러분의 분노는 다른 사람에 대한 것도 아니고 다른 사람을 변화시킬 수도 없다(종종 여러분은 다른 사람이 하는 일에 대해 전혀 알지 못하거나 무관심하다). 또 동료와 심하게 싸우는 것은 업무상으로도 소용없는 일이다. 다른 사람들에 대해서는 그대로 놔둬야 하지만 여러분은 끊임없이 관여를 한다. 다른 사람들이 여러분을 변화시킬 권리도 없고, 'Yes'라고 말하라고 강요할 수도 없으며, 이 부분에 대해서는 스스로 선을 그어주어야 한다. 악의적으로 'Yes'라고 말하든 'No'라고 말하든 여러분은 이 같은 싸움에서 이길 수 없다.

미국의 인류학자 그레고리 베이트슨Gregory Bateson은 체계적 사고 이론을 통해 이 부분에 대해 설명했다.

"자신의 환경에 맞서 싸우는 사람은 스스로를 이길 때만 그 싸움에서도 이길 수 있다."

내려놓기

일상에서 창조적으로 일하라

제대로 일하라 ──────────── 싸움의 기술 75
혼자서 일하라
다른 사람을 위해 일하라
다르게 일하라
일하지 말라

(2.19) ──────────── **싸움의 기술**

인간은 특이하다. 인간은 생물학적인 존재이고, 이런 면에서 프리드리히 글라즐Friedrich Glasl이 표현했던 것처럼 '반사회적'이기도 하다. 인간은 자연을 소비하고, 그럼에도 서로 의존하는 관계에 있다. 동시에 인간은 다양한 사회적 관계에 의존하고 동등하게 존재하는 정신적 존재이다. 마지막으로 영적(종교적)인 존재이고 '비사회적'이며 필요에 따라 혼자 장비를 찾아 갖추고 응용한다.

아마추어 인류학 저자인 글라즐은 갈등 관리를 주제로 한 책을 썼다. 그는 수련을 받은 식자공이었다가 나중에는 정치학 학위를 받았다. 영화 〈장미의 전쟁Der Rosenkrieg〉에서는 그의 갈등 관리의 주제 중 여러 모델을 볼 수 있다. 글라즐은 인간적인 갈등에 대한 깊은 차원을 보여준다. 우리가 어떤 기술을 이용하든 인간의 모순에 맞서는 갈등은 피할 수 없다. 이 갈등은 다른 사람들과의 갈등보다 먼저 시작된다. 우선 자기 자신과의 갈등이 있다. 누구나 대인관계와 관련된 갈등을 알고 있다. 모순되는 두 가지가 있다. 날씬해지고 싶으면서도 초콜릿을 먹는 것은 완전한 자유이자 안전한 느낌이 들어서이다. 하지만 우리 안에 있는 세계는 우리가 스스로에 대해 생각했던 것이 다른 사람에게 전해지는 사회적인 경험으로 결정된다. 조화가 승리하고 모든 것을 해결할 것이다.

지난 10년 동안 업무 문화는 눈에 띄게 변했다. 심리학자 에리카 슈피스Erika Spieß가 이야기한 것처럼 역동적인 경제적 발전, 평면적인 위계질서, 융통성에 대한 기대, 팀워크에 대한 높은 필요성이 '의사결정 과정의 확대'를 의미한다.

갈등 제공하기

그리고 더 많은 의사소통을 할수록 커뮤니케이션에 대한 문제는 우리에게 더 많은 일을 하게 만든다.

심리학자 칼 베르켈Karl Berkel은 "사람들은 상호 의존하는 관계 속에서 살고 있다. 그로써 생기는 갈등은 피할 수 없다."라고 냉정하게 표현했다.

　개인주의 시대에 사람들이 서로 다르다는 사실이 한편으로는 상투적으로 들리겠지만 다른 한편으로는 끊임없이 강조되고 있다. 이러한 사실은 인간에게는 공통점이 없다는 인상을 준다. 대신 인지에 대한 부분이나 생각, 가치 인식, 언어적인 면에서 많은 차이가 있다는 것을 보여준다. 글라즐은 이런 차이를 장점으로 간주했다.

　"갈등을 유발할 뿐 아니라 창의성과 삶을 위한 큰 전제가 되어주기 때문에 이런 차이는 필요한 것이다."

　이 같은 다양한 면을 통해 새로운 아이디어가 나오게 된다. 갈등 해결은 차이를 없애는 것이 아니라, 상대와의 차이를 배우고 갈등을 함께 건설적으로 다루도록 노력하는 것이다. 다양한 감정을 가지는 것이 논쟁의 원인이 되어서는 안 된다는 것은 모순이다. 적어도 두 사람이 모순되는 행동을 통해 서로 방해되거나 장애가 생기면 갈등이 발생한다. 현실세계와 맞서다 보면 평화로움이 절실히 필요하게 된다. 그리고 이것은 이상적인 것과는 어울리지 못한다. 갈등은 현실이나 다른 사람의 관심사와 논쟁하도록 강요한다.

　부정적인 감정을 표현하는 것은 그럴듯하게 들릴 수도 있지만 갈등을 유발시키기도 한다. 처음에는 갈등으로부터 뭔가를 배울 수 있겠지만 나중에는 골치 아픈 일이 된다. 갈등의 배후에는 나쁜 의지가 숨어 있다. 우리는 종종 전

감정의 왜곡된 인식

일상에서 창조적으로 일하라

제대로 일하라 ──────────────── 증오에 눈 먼   77
혼자서 일하라
다른 사람을 위해 일하라
다르게 일하라
일하지 말라

체에 대해 알지 못한 채 다른 사람의 평화를 방해한다. 음량 조절이 크게 된 전화기나 초인종 소리는 동료의 신경을 거슬리게 할 수 있다. 무분별함, 무의식적인 행동, 단순한 의견은 상대를 화나게 만들 수 있다. 상대방은 좋아한다는 것을 전혀 눈치채지 못한 채 어떤 영화에 대해 비난하면 어느 순간 그 상대방은 자신을 모욕하고 있다고 여길 것이다. 하지만 매번 긴장하면서 스스로 관리하기도 힘들고 오해나 갈등을 피할 수 있는 것도 아니다. 일단 갈등이 생기면 뭔가 변하게 된다. 갈등은 인지를 왜곡시킬 수도 있고 거의 병적인 상태로 만들 수도 있다. 그리고 이 갈등은 예민하고 깨지기 쉬운 것에 책임이 있다.

(2.20) ──────────── **증오에 눈 먼**

공포나 공격성은 싸우거나 도주할 때 초인적인 힘을 발휘하는 태곳적부터 있어 온 우리 몸의 비상 프로그램이다. 공격성이 없었다면 인간은 살아남을 수 없었을 것이다. 우리의 두뇌는 수준 높은 교육을 필요로 하는 문명이 있기 훨씬 더 오래전부터 존재해왔다. 오늘날 공격성은 터부시되고 있지만 축구 경기장의 열띤 분위기 속에서는 여전히 존재한다. 인간의 뇌는 약 4,000년 전부터 변화되지 않았고 고차원적인 문화의 근간이 되는 문자는 약 5,000년 전에 발명되었다. 또 아라비아숫자 시스템은 약 800년 전에 유럽에서 통용되기 시작했다. 호랑이의 공격이 없는 협상 테이블이나 프로젝트 작업을 하는 곳에서 우리 뇌가 가지고 있는 태곳적의 비상 프로그램은 더 이상 바람직하지 않다.

충돌은 우리가 눈치채지 못하는 부분에서 매우 선별적으로 이루어질 수 있다. 글라즐은 "어떤 일에 대해서는 특히 날카롭게 바라보지만, 다른 것들은

공격성 다루기
/
왜곡된 인식

묵과하고 지나간다."라고 말했다. 갈등의 요소와 행위가 왜곡되어 인식되면 공간과 시간에 대한 우리의 관점은 좁아지게 된다. 종종 우리는 두 배의 노력을 하면서도 목표를 잊어버리는 경우가 있다. 우리 자신이나 다른 사람에 대한 이미지를 만들면서 나 자신은 옳고 상대는 그르다는 생각을 하게 된다.

물론 지금 우리는 착한 편이고 상대방은 나쁜 편이다. 갈등의 한가운데 있는 사람은 과도하게 예민한 상태이고, 다른 사람의 입장이 되거나 상대 견해를 받아들이려는 의도를 상실하는 것은 당연하다. 글라즐은 이를 '사회적 자폐증'이라 이름 짓고 강한 행동의 고갈로 표현된다고 했다. 우리는 갈등 속에서 행동 방식이 다양하게 존재한다는 것을 보여주고 그것을 이용해야 된다.

(2.21) ———————— **무엇을 할 것인가?**

폭풍이 불면 바람은 범선의 항해를 방해하게 된다. 상대방의 문제를 이해한다는 것을 보여주기만 해도 긴장이 풀릴 수 있다. 모두가 참호 속에 숨어 있기만 한다면 아무것도 진행될 수 없다. 과한 행동과 예민함이 두드러진 '뜨거운 갈등Heiße Konflikte'은 진정되어야만 한다. 그러기 위해서는 논쟁이 다음 날로 연기되기도 해야 한다. 그렇다면 양측이 동의할 만한 일정한 규칙을 정해 제안하는 것도 좋은 방법이다. 경직된 갈등에서 중재가 도움이 될 수 있기 때문이다. 중립적인 '조정자'는 편견 없는 룰에 따라 의사소통을 하는 경향이 있다.

뜨거운 갈등은 '차가운 갈등Kalte Konflikte'으로 진정되고 무엇보다 양측이 뭔가를 얻을 수 있게 된다. 차가운 갈등은 우리를 소극적으로 만든다. 억눌린 느낌, 욕구 불만, 현실에 대한 환멸이 만연하게 된다. 종종 얼굴을 맞댄 접촉이

뜨거운 갈등
/
차가운 갈등

일상에서 창조적으로 일하라

제대로 일하라 ───────────────── 무엇을 할 것인가?   79

혼자서 일하라
다른 사람을 위해 일하라
다르게 일하라
일하지 말라

나 의사소통을 단숨에 중단하게 하기도 한다. 차가운 갈등은 상승하고 있는 증기기관의 압력을 '누를 수 있는' 확실한 방법이다.

어느 한쪽의 의견만 관철된다면 갈등은 해결되지 않는다. 갈등의 원인이 제거될 때만 갈등이 해결된다. 글라즐은 네 가지의 가능한 조정 방안을 구분해서 내놓았다. 가장 좋은 방법은 충돌을 미리 예방하는 것이다. 이미 갈등이 존재한다면 그것을 치유하는 행위가 필요하다. 억압된 갈등이 도움이 될 수도 있다. 공개적인 갈등에서는 점점 더 강도를 높여 개입하면 이를 통해 정상화가 가능해진다.

	단계적으로 약화	단계적으로 강화
예방	커뮤니케이션 문제를 예방하기 위해서는 커뮤니케이션 방식에 대한 훈련과 정보에 대한 규칙이 합의되어야 한다.	컨설턴트가 참여하게 되면 걱정, 두려움, 복종을 노린 요구를 받게 된다. 대립하는 만남을 피하기 위해 차가운 갈등을 만들게 된다.
치유 행위	갈등의 과정은 해결되고 복원된다. 갈등의 당사자들은 서로 다른 자신들의 입장을 명확히 해야 한다.	기존의 차가운 갈등은 역할극을 통해 과장되고 각색된다. 이해 당사자들은 자신의 입장을 강력히 관철시키려는 고객을 격려한다.

(글라즐Glasl, 1992)

베르켈은 그 갈등이 개인적인 이유에서 비롯된 것인지 아니면 객관적인 이유에서 비롯된 것인지 생각해봐야 한다고 조언했다. 개인적인 차이에 대해서는 뭔가 변해야 하는 감정적인 측면이 있겠지만, 객관적인 갈등은 문제 해결의 시

문제 인식

작이 될 수 있다. 문제를 인식하는 것은 늘 단순하지 않다. 수많은 외적인 분쟁 뒤에는 관계적인 갈등이 숨어 있다.

동료가 예전에 여러분의 기분을 상하게 한 적이 있었다는 이유만으로 그의 디자인에 대해 단점을 찾으려고 한다면? 동료는 여러분이 도대체 왜 자신에게 화가 나 있는지 짐작할 것이다. 감정이 문제가 되면 다음에 따라오는 접근 방식을 먼저 명확히 할 필요가 있다. 이런 경우 우리는 사실적인 측면에 대한 접근을 보류해야 한다. 디자인에 대해 솔직하게 말할 수 있기 위해서는 여러분을 화나게 만든 것이 먼저 해결되어야 한다. 그런 다음에야 시야가 명확해진다.

협상 전문가 볼프강 잘레프스키Wolfgang Salewski와 심리학자 프리드헬름 퀼러Friedhelm Köhler는 순수하게 사실적인 갈등에 대한 커뮤니케이션이 주선되어야 한다고 언급했다. 말하자면 감정은 사실적인 논쟁으로 포장되어 있는 것이다. 누가 늘 객관적이기만 한 사람이고, 누가 감정적으로 테이블에 앉아 있는 사람인지는 질문 몇 가지만 해보아도 금방 알아차릴 수 있다. 오해를 피하기 위해서는 실질적인 면과 감정적인 면을 적절하게 유지할 수 있어야 한다. 어떤 팀이 '홍보'를 위해 열심히 일하고 있지만 아직 계약이 제대로 이루어지지 않았거나 혹은 이미 지불이 완료되어도 이는 경제적인 문제만을 의미하는 것은 아니다. 계약이 완료되지 않았다는 점에 대한 실망이 만연하게 된다. 두 가지 문제가 모두 해결되어야 한다.

위기관리에서 밖으로 보이는 동기와 감정은 긍정적인 영향을 줄 수 있다. 확실한 해결을 위한 모든 합리적인 원인들이 논의될 수 있을 때, '나쁜 감정'을 가지고 있는 동료들이라 할지라도 이에 답하거나 잠깐이나마 동의하려고 할 것이다.

위기가 되는 사실

일상에서 창조적으로 일하라

제대로 일하라 ——————————————— 혼자 혹은 팀으로 일하기   81
혼자서 일하라
다른 사람을 위해 일하라
다르게 일하라
일하지 말라

갈등적인 행동에는 성별도 영향을 미친다. 슈피스의 글에 따르면, 타협을 보려는 남자들과 달리 여성들은 개인주의적인 문화를 선호한다. 즉 여성들이 확실히 유리하다! 협력적인 행동은 장기적으로 도움이 된다. 업무 환경과 팀의 정체성, 정보의 흐름, 스트레스에 대한 저항력, 팀 작업의 업무에 대한 만족도 측면에서 아주 긍정적인 작용을 한다.

　　종종 우리는 갈등 상황에서 솔루션에 대해 과장된 기대를 하는 경향이 있다. 인간의 근본적인 모순에 대해 생각해보면 갈등의 최종적인 해결이라는 것은 비현실적 목표인 것이다. 갈등 해결에는 일에 대한 전문성 외에도 주관적인 취향이 작용한다. 그런 이유로 생겨난 차이는 쉽게 해결되지 않는다. 베르켈은 갈등 해결을 위한 교섭 중에 긴장을 완전히 풀어서는 안 되겠지만 긴장을 풀 수 있는 배출구는 만들어놓아야 한다고 제안했다. 살면서 갈등이 없는 사회생활을 할 수는 없다. 무엇보다 목표를 위한 노력을 가치 있게 만들기 위해 갈등이 개입하지 못하도록 해야 한다.

(2.22) ——————————— 혼자 혹은 팀으로 일하기

혼자서 일을 할지 팀에 속해 일을 할지에 대해서는 우리 스스로 결정해야 할 문제이다. 프리랜서도 하나의 목표를 위해 여러 가지 역할을 하면서 프로젝트를 진행시키기 때문에 팀 안에서 일하는 것이라고 볼 수도 있다. 팀워크와 팀의 정신은 'in'이다. 여러분은 아마 팀워크가 요구되지 않는 일자리 광고를 찾기 어려울 것이다. 이런 트렌드는 아주 지배적이고, 회의주의는 이제 이기적이며 비사교적이라는 이야기를 듣는다.

여성들은 다르게 싸운다

그럼에도 과학적인 관점에서 의심이 생긴다. 팀으로 일하는 것이 더 효율적으로 일하기 위해 필수적인 것은 아니다. 가장 호평을 받는 창의력 증진 방식인 브레인스토밍은 오히려 비창의적으로 보인다. 경제심리학자 루츠 폰 로젠스틸Lutz von Rosenstiel은 실험을 통해 공동 작업으로 일하는 것보다 혼자 일할 때 본질적으로 창의성이 뛰어난 아이디어가 더 많이 나온다는 것을 밝혀냈다. 아이디어를 찾는 것은 결국 단독 작업이지만, 일단 팀 안에서 변화와 비판이 주어지면 의미가 더욱 풍부해진다. 심지어 크로스워드 퍼즐도 공동으로 풀면 혼자 할 때보다 훨씬 낫다.

하지만 크로스워드 퍼즐을 만들 때는 혼자 작업하는 것이 훨씬 더 쉽다. 공동 작업에서 생길 수 있는 불이익 중에는 일하고자 하는 동기부여의 효과가 부정적이라는 것도 있다. 잘못 엮인 팀에서는 성과에 대한 가치를 제대로 인정받지 못할 수도 있고, 이는 사회적인 나태함으로 이어진다. 팀 내 다른 구성원들이 더 훌륭하고 빠르게 일을 처리할 수 있다고 무의식적으로 생각하기 때문에 의욕을 상실하게 되는 것이다.

집에서 일하든 사무실에서 일하든 팀에 대한 자신의 기여도가 과하다고 생각하는 사람의 참여도는 낮아지고, 본인은 이것을 깨닫지 못한다. 한 사람은 자신의 부엌을 깨끗하게 유지하고, 다른 한 사람은 더러운 접시를 그냥 놔둔다. 이러한 상황에서 팀 작업을 할 때는 지시만 내리면 된다. 혼자 일하는 사람은 싱크대에 깨끗한 접시나 컵이 없기 때문에 스스로 설거지를 해야만 한다. 무모한 행동의 원인이 종종 훈련된 인지 조건이나 자기중심적인 행동 모델인 경우도 있다. 아직 가족에게 자신의 삶을 의지하거나 한 번도 집안일을 도와본 적이 없는 사람은 바람직한 사회적 행동 방식을 배울 수 없었을 것이 분명하다.

이데올로기로서의 브레인스토밍
/
공동 작업의 리스크

일상에서 창조적으로 일하라

제대로 일하라 ────────────── ─── 혼자 혹은 팀으로 일하기　　　　　　83
혼자서 일하라
다른 사람을 위해 일하라
다르게 일하라
일하지 말라

그는 아마 자신을 위해 모든 것을 해주려고 하는 헌신적인 사람들로 둘러싸여
있는 것을 좋아할 것이다.

　　이러한 무의식적 행동은 사회생활에서 처음으로 심각한 갈등을 불러일으
킨다. 사회적 발전을 위해서는 분명한 한계가 정해져야 한다. 대부분의 사람들
은 학습 능력이 있고 분명한 신호를 필요로 한다. 학교는 사회복지의 실수 때
문에 종종 부모의 역할까지 요구받는다. 안타깝게도 사회생활에 필요한 전문
적인 창조력을 준비하는 전문학교에서는 이러한 교육을 하지 않는다. 전문학
교는 사회적인 책임 없이 개설되기도 한다. 이때문에 직업세계에 진출하려는
견습생이나 직업훈련생, 학사 수료자들의 기본적인 소양 교육이 부족해서 생
기는 근본적인 행동의 문제로 당황하게 된다(과거에 대중매체 디자이너 과정을 수료
한 학생들은 가끔 긍정적인 평가를 받기도 한다).

　　하지만 의무감이나 책임감, 적절한 복장에 대한 생각과 사회적으로 적절
한 행동, 정확성이 갑자기 사회생활을 위한 전제 조건으로 중요해진다. 이것
은 공동 작업할 때 필요한 규칙이기도 하지만 사회생활을 위해서도 필수적이
다. 학생일 때는 허용되었던 일반적인 행동 방식이 사회생활에서는 분쟁의 요
소가 되기도 한다.

더 불쾌한 것은 고의적으로 사회생활에서 나태함을 일삼는, 이른바 무임승차
자라 불리는 사람들이다. 그들은 다른 사람들이 일하는 것을 타당하다고 생각
한다. 그것이 의식적이든 무의식적이든 남녀의 차이가 아주 큰데 안타깝게도
남자의 경우 문제가 더 심각하다. 일을 팀에 맡길지 아니면 개인에게 맡길지
결정하기 전에 우선적으로 이 부분에 대해 생각해보는 것이 필요하다. 폰 로

속박

젠스틸은 '작업이 어떤 관점에서…… 분리될 것처럼 보일 때' 팀이 훨씬 좋은 성과를 낸다는 것을 밝혀냈다. 하지만 팀 작업의 부정적인 효과로 환경적인 조건이 나빠지거나 규칙에 대한 합의가 이루어지지 않을 수 있다는 점을 들었다.

디자인 작업은 고독한 일이다. 무엇보다 디자인에 집중하면서 고립된다. 그 대신 숙련되어 더 빨리 일을 끝내게 된다. 이 같은 사람들은 큰 회사에서 일하는 것이 유리하다. 하지만 다른 사람들의 견제나 소란 때문에 창의적인 과정이 방해받을 수도 있다. 규모가 큰 회사가 겉보기에는 좋지만 심리학적인 관점에서 복잡한 작업을 하는 데는 많은 단점이 있다. 일정 데시벨 이상의 소음만 문제가 되는 것이 아니라 일상적인 전화 통화나 다른 사람의 말을 이해하는 일상이 힘들 정도이다. 심리학자 디터 게베르트Diether Gebert는 이런 환경은 '정보로 가득한 소리'가 지배하고 있다고 말했다.

규모가 큰 회사의 전형적인 문제점은 바로 집중을 방해하는 것이다. 품위 있는 산업용 건물이나 펜트하우스를 개조하는 것은 많은 디자이너들의 꿈이다. 그런 유형의 프로젝트는 개인 사무실의 능력으로는 해내기 힘들다. 이와 반대로 규모가 큰 그룹은 개인에게는 일시적으로 부족한 것을 다른 사람의 노력을 통해 조정해서 균형을 맞추어줄 수 있다는 점에서 사회적으로 유리하다. 개인은 일관된 능력을 유지하기 힘들지만 팀으로 작업하면 훨씬 쉬워진다.

팀의 규모는 효율성에 영향을 미친다. 다섯 명으로 구성된 팀들을 대상으로 한 연구 결과가 있다. 홀수의 참가자 수는 의사결정을 교착 상태에 빠뜨리지 않는다는 장점이 있다. 팀이라는 것은 영구히 폐쇄적일 수는 없다. 농구 같은 스포

창의적인 공간 확보하기
/
팀의 규모

일상에서 창조적으로 일하라

제대로 일하라 ──────────────────── 팀으로 일하기의 특징   85
혼자서 일하라
다른 사람을 위해 일하라
다르게 일하라
일하지 말라

츠에서 팀을 다섯 명으로 구성하는 것은 분명 이유가 있다. 이러한 스포츠는 기술적으로 까다롭고, 빠른 속도와 팀원 간 효율적인 조화를 필요로 한다. 규모가 큰 팀에서는 응집력이 약해지고 구성원 간 만족도가 낮아진다. 협력 과정의 마찰로 인한 손실은 증가하고, 팀원 개개인의 공헌도는 눈에 띄지 않는다.

폰 로젠스틸은 규모가 큰 팀에서는 팀원 개개인에게 돌아가는 보상이 낮아지기 때문에 다섯 명 중 하나가 되는 것과 쉰 명 중 하나가 되는 것에는 커다란 감정적인 차이가 생긴다고 밝혔다. 일단 팀의 성과에 개인의 참여도가 확실하게 나타나지 않으면 무임승차자의 수도 증가하게 된다.

(2.23) ──────────── **팀으로 일하기의 특징**

공동의 목표에 따르고 참가자들의 결속을 확실히 하기 위해서는 팀을 구성할 필요가 있다. 하지만 리더가 정해지지 않으면 힘의 질서가 신속하게 정리되지 않는다. 알파형 동물이라고 불리는 사람이 리더로 추천받고, 지도자의 역할을 넘겨받게 된다. **팀의 다른 구성원들(베타형에서 오메가형까지)은 대부분이 옳다. 전문의, 피에로, 사제에서 정치가나 남을 위해 죄를 대신 받는 속죄양까지 다른 역할을 하는 사람들도 많다.** 어려운 점은 둘 혹은 그 이상의 알파형 동물들이 비형식적인 능력을 당연한 권리로 요구하고 경쟁하는 것이다.

그래서 모든 팀들이 함께 합의하고 무조건 지켜야 하는 확실한 규칙과 기준이 필요한 것이다. 또 규칙을 위반한 경우 제재의 가능성이 있음을 확실히 밝혀야 한다. 그런데 규칙을 정하다가 제재까지 정해야 한다는 것이 우습게 보일 수도 있다.

리더의 특징

무엇보다 팀의 규칙은 결정이나 커뮤니케이션을 위한 정기적인 모임을 갖는 것과 관련 있다. 사무실의 서열과는 별개로 팀의 리더를 정하는 것은 아주 의미 있는 일이다. 전체를 위한 규칙들을 기초로 효과적으로 함께 일할 수 있고, 우리라는 느낌을 가질 수 있어야 한다. 팀이 기업 경영진에게 지지를 받고 단결이 굳건하다면 분명히 생산성에 긍정적인 효과가 있을 것이다. 폰 로젠스틸이 저술한 것처럼 업무에 대한 만족도가 높아지면 병원에 입원하는 환자 수가 적어질 것이다. 마찰 없이 일하는 팀은 태산도 움직인다!

(2.24) ———————— **팀은 어떻게 만들어지는가?**

처음으로 회의실에 함께 모인 다섯 사람이 아직 팀을 구성하지는 못했다. 테이블 주변에 앉아 있는 그들은 각각의 개인일 뿐이다. 효율적인 팀의 비결은 이와 반대로 다섯 사람 개인의 능력이 합쳐져 결과물을 만들어낼 때이다. 개인이 팀의 일원이 되기 위해서는 우선 서로에 대해 알아야 한다. 작은 회사에서는 모두가 서로 알고 있다고 생각하기 때문에 이 부분이 생략되기도 한다. 첫 만남에서는 거리낌 없는 분위기가 만들어져야 하는데 점심 식사 자리 같은 경우가 좋다. 모임에서 자신을 소개하는 것은 환경적인 조건이나 기대에 맞추는 경험이 될 수 있다. 종종 사람들과 만나게 되면서 이야기 소재가 생기는 것만으로도 충분하다.

　팀의 리더는 중요한 역할을 담당한다. 결혼식의 짓궂은 게임과 비슷한 서로를 알기 위한 게임에서 진행자가 이름을 부르면 대부분의 사람들은 당황해하는 것처럼 보인다. 성인답게 자신을 소개하고 서로 알기 위한 대화를 나눌

일상에서 창조적으로 일하라

제대로 일하라 ————————————————————— 팀은 어떻게 만들어지는가?　　　　87

혼자서 일하라

다른 사람을 위해 일하라

다르게 일하라

일하지 말라

수 있어야 한다. 이 같은 팀 구성의 초기 단계에서 시작을 위한 개인의 조건은 분명하다.

　　모든 구성원이 팀 내에서 자유로운가? 구성원 모두가 동기부여를 받을 수 있는가? 다른 사람을 위해 뭔가를 한 적이 있는가? 성공에 대한 야망이나 몇 달 후에 끝날 계약 혹은 프로젝트에 대해 기대와 노력을 기울이는가? 팀 활동을 해본(좋은/나쁜, 오랜/아예 없는) 경험이 있는가? 일주일에 몇 시간이나 팀 작업을 위해 할당할 수 있는가? 자신의 시간 관리에 얼마나 유연할 수 있는가? 일 외적인 부분, 즉 가족, 자원봉사 등에 대해 어떤 책임을 지고 있는가?

　　이들 질문에 대해 팀 내부에서 다양한 답이 나올 수 있어야 한다. **다양성이라는 것은 아무 문제없이 공개적으로 논의될 수 있다는 것을 의미한다. 평등이 아니라 받아들여지는 것이 필요하다.**

　　첫 번째 단계에서는 팀이 잘못된 기대나 평가를 받을 가능성으로부터 보호되어야 한다. 서로 알아가는 단계의 마지막에서 업무에 직면하면 팀이 구성되면서 우리라는 느낌의 윤곽이 드러난다. 두 번째 단계에서는 팀의 사회적인 조직이 협의되어야 한다. 누가 운영을 맡을 것인가? 누가 어떤 업무를 책임질 것인가? 등 모두가 믿고 따를 수 있는 커뮤니케이션 규정이 정해져야 한다. 세 번째 단계에서는 근로심리학자 코니 안토니^{Conny Antoni}가 저술한 것처럼 행동과 실행의 기준이 구성되어야 한다. 팀은 업무를 고려해 가능한 한 빨리 정책과 방법을 정해야 한다. 일단 각 고유의 실행 단계에 도달한다. 또 각 팀의 해결 방식은 만들어질 수 있다. 뭔가 같이하고 결과를 낸 사람은 함께 완성할 수 있어야 한다. 이제 매우 성공적이든 덜 성공적이든 자리 잡을 수 있어야 한다. 어떤 새로운 지식을 통해 팀을 이끄는 것이 완성되어야 한다. 팀을 이끄는 것은

다양성 유지하기

아주 중요한 피드백이다. 팀원들이 경영진을 어떻게 알게 되겠는가? 반대편의 비판이나 팀 작업의 좋고 나빴던 순간의 경험을 쉽게 잊어서는 안 된다. 즉 의미가 있는 인정과 칭찬을 구분해야 한다.

(2.25) ——— **팀의 리더에게는 어떤 역할이 주어지는가?**

팀을 이끄는 것은 사회적인 도전이다. 사람들과 관계를 맺는 것 역시 스트레스를 주는 상황이 될 수 있다. 최고의 디자이너라고 해서 팀 프로젝트에서도 무조건 능력을 발휘할 수 있는 것은 아니다. 큰 규모의 광고 디자인이나 성공적인 팀을 이끄는 것은 한 켤레의 구두와 같다. 리더의 역할은 고객이나 상사의 요구에 맞춰 팀원들의 임무를 적절하게 조정하는 것이다. 팀 작업의 확장을 통해 프로젝트 매니저의 역할이 커지는 것은 확실하다. 팀 리더의 역할은 업무에 대한 이메일이나 TV, 고객과의 미팅 등 수많은 커뮤니케이션을 통해 디자이너들의 부담을 덜어주는 것이 될 수 있다.

리더는 안팎의 문제들을 조정한다. 또한 팀원들에게 지속적으로 피드백을 해주어야 하고, 이를 통해 여러 부분을 짜 맞추어 프로젝트가 원하는 방향으로 진행될 수 있도록 해야 한다. 앞에서 언급한 피드백을 통해 각 개인의 참여를 이끌어내고, 팀의 협력과 동기부여를 강화시킨다. 자신이 어느 한 부분에도 참여하지 못하고, 아무것도 경험하지 못하는 것만큼 실망스러운 일은 없다. 비판적인 반응은 불쾌하지만 이 역시 업무에 참여하고 있다는 것을 보여주는 것이다. 그리고 반응이 없는 것은 무관심을 의미한다.

팀 리더만이 업무에 대한 결정을 할 수 있다. 팀원들 모두가 결정에 참여하

리더의 역할
/
능력을 분명히 하기

일상에서 창조적으로 일하라

제대로 일하라 ──────────────────── 팀의 리더에게는   89
혼자서 일하라   어떤 역할이 주어지는가?
다른 사람을 위해 일하라
다르게 일하라
일하지 말라

려고 한다면 큰 혼란이 생길 수 있다. 폰 로젠스틸은 팀원들이 가능한 한 동등한 권리를 갖고 협력할 수 있는 관리 모델을 권하는데, 여기에서 말하는 관리는 다른 사람에게 일방적으로 지시를 내리거나 다른 사람을 따르는 것을 의미하는 것이 아니다. 참여는 높은 성과를 기대하는 팀원의 업무만족도를 높여준다. 스스로 책임지려는 사람은 동료도 함께 책임을 질 기회를 주어야 한다. 하지만 팀 작업을 이끄는 사람은 자신이 확실하게 고수하고 조절할 부분을 유지해야만 한다. 팀원들은 본인의 업무에 집중할 수 있어야 하기 때문에 지속적으로 프로젝트 전체에 대한 통찰력을 가질 필요는 없다.

너무 권위적인 리더십은 팀의 실적에 부정적인 영향을 미친다. 모든 결정을 혼자 하고 처벌하겠다고 위협하는 리더는 불신을 키우고 팀원들에게 동기부여도 할 수 없게 된다. **권위적인 리더십은, 적어도 과학적인 관점에서는 단점만 있다. '독재자'는 팀원들의 에너지를 허비하게 만든다.** 그는 팀원들을 복종하게 만들고 언어적인 폭력을 통해 지시하려고 한다. 또 사회생활에서는 동료보다는 자신의 말에 따르는 신하를 원한다. 이들은 권력에 쉽게 적응한다. 자유와 책임에는 용기와 노력이 필요한데 이것을 누구나 좋아하지는 않는다. 힘이 약한 시기에 우리는 업무에만 맹목적으로 매달릴 수 있기를 희망한다. 그러는 사이에 세상은 복잡해졌고 어떤 것이 최선의 해결책인지 알 수 없게 된다.

명령과 무조건적인 예속의 시대는 이제 지나갔다. 민주주의 시대에 혼자 주제를 정하고 지시를 내리고자 하는 사람은 창조적인 엘리트가 되지 못한다. 창의성은 강력한 사회적인 측면을 가지고 있는데 이것은 팀에 의해 제공되어야 한다. 누구나 타협해야 하지만 스스로 생각할 줄도 알아야 한다.

리더의 실수

리더의 행동에 실패가 나타나는 또 다른 형태는 언뜻 봐도 공감이 간다. 리더로서의 역할을 거부하는 것이다. 종종 팀이나 회사 리더들은 '여러 사람 중 하나'가 되고 싶어 한다. 그들은 수평적인 위계질서나 일찍 말을 놓는 것, 멋진 바에서 함께 일하는 것, 넓은 사무실에 다소 사적인 공간을 준비해주는 것 등 결정에 대한 문제를 무기력하게 팀에 전가한다. 모두가 젊어 보이고 캐주얼한 옷을 입고 있어서 창의적인 분야에서는 누가 항해사이고 누가 노를 젓는 사람인지 구분하는 것이 쉽지 않다. 이런 외형은 우리 모두는 같은 배에 타고 있고, 같은 분야에서 함께 일하는 가족과 같다는 것을 보여준다. 이것이 유일한 방법으로 보일 것이다.

리더십의 포기는 사무실 안에서 결정적인 힘을 가지고 있지만 그것을 의식적으로 사용하지 않는다는 것을 의미한다. 하지만 힘은 스스로 자신의 방향을 찾아 안타깝게도 권력 남용이나 수많은 갈등을 낳게 된다. 팀원들의 비공식적인 결정으로 인해 구성된 모임에는 책임이 없다. 평등한 조건 하에 있는 팀원들이 결론을 관철시키는 것은 쉽지 않다. 시빗거리가 생기기도 하고 해결되지 못한 문제가 쌓이기도 한다. 리더의 자리를 넘겨주었지만 기꺼이 맡으려는 사람이 없다면 나머지 사람들은 모두 본인이 하고 싶은 대로 행동할 것이다. 아무도 공동의 목표를 향해 나아가지 않을 게 분명하다.

뭔가 잘못되면 도대체 누가 책임질 것인가? 누가 속죄양이 될 것인가? 고객이 전화를 걸었을 때 책임자도 없는데 누가 답을 한단 말인가? 등의 질문이 나오게 마련이다.

리더로서의 역할을 받아들이지 않았던 사람은 진짜 리더가 된 사람보다 더 큰 갈등을 겪을 수 있다. 여러분은 독재적인 리더와 마찬가지로 직원들을 힘

갈등 관리의 실패

일상에서 창조적으로 일하라

제대로 일하라 ──────────────── 팀의 리더에게는   91
혼자서 일하라   어떤 역할이 주어지는가?
다른 사람을 위해 일하라
다르게 일하라
일하지 말라

들게 만들 수도 있다. 우리가 지금 당장 무엇이 원인인지 알고 있을 경우에만 말이다. 지휘를 하지 않는 리더로서 좋은 친구가 되긴 하겠지만 양심의 가책을 느끼게 된다. 리더의 역할을 거절하는 것은 그룹 내에 파괴적인 경쟁을 발생시키겠지만 그렇다고 누가 제지하지도 못한다. 갈등을 통해 리더는 중립적이지만 절대적인 억제 작용을 넘겨받게 된다.

이제 우리는 직접적인 컨트롤에 고마워하는 마음을 가지게 된다. 예를 들어 '절대적인 명령'을 통해 끊임없이 이어지던 비효율적인 논의를 끝맺을 수 있게 되고, 작업은 진행될 수 있게 된다. 팀원들은 다시 한 번 한 팀 안에서 서로 의지해야 한다는 것을 깨닫게 된다. 리더는 개개인의 역할에 대한 이해와 명료성을 만들어낼 수 있다. 리더로부터 작은 실마리가 주어지면 갈등이 전혀 발생하지 않을 수도 있다. 이런 종류의 업무를 책임지기 위해서는 그래픽에 관련된 능력과는 전혀 다른 능력이 필요한데, 의사소통 능력이나 풍부한 경험, 침착함 등이 요구된다. 이런 업무는 일반적으로 젊은 팀원에게 어울리는 역할은 아니다(젊은 시절 동안 사무실 현장에서 살아남았고, 실적도 나쁘지 않은 사람).

지속적으로 팀원들 앞에서 자신을 증명하려고 하거나 그들과 경쟁하려고 하는 리더는 문제를 해결하기보다는 더 심각하게 만들 수도 있다. 팀의 작업 분위기는 종종 외부로부터 영향을 받는다. 만약 고객이 팀 내부의 갈등에 대한 목격자가 될 수도 있기 때문에 이것은 장점으로 볼 수는 없다. 결국 손님 앞에서 직원을 야단치는 레스토랑 매니저를 보며 마지못해 식사를 하거나 제대로 된 서비스를 받지 못하게 될 수도 있다.

지도력과 경험

(2.26) ──────── **어떻게 하면 팀원들을 잘 이해시킬 수 있는가?**

하나의 팀에서 함께 일하는 사람들은 어떤 부분에 대해 서로 이해해야 하는 것일까? 팀원들 간의 '화합'에는 사회심리학자 볼프강 숄Wolfgang Scholl이 이름 지은 것과 같이 팀 작업의 '간접적인 결정 요인'이 있다. 그것은 구성원들이 팀 작업과 만족도에 어느 정도 영향을 미치는지 그리고 그 만족도가 협력과 상호 간의 공감, 결정적으로 팀의 능력과 효율성에 어떤 영향을 미치는지 등이다.

우리는 사실적인 지식과 구성원의 의견을 참고로 하여 심리적인 화합이 있는지 살펴볼 수 있어야 한다. 팀 내에서 최대한 비슷한 능력을 가진 사람들끼리 경쟁하도록 구성원들의 능력을 고려해 함께 일해야 한다. 이것은 똑같은 직업 훈련이나 전공을 한 사람들이 불리하다는 것을 의미하는 것은 아니다. 결정적인 것은 모든 요소가 팀 전체의 실적의 일부이기 때문에 팀원들이 각각 평등한 조건을 가져야 한다는 것이다.

　팀의 실적을 끌어올리기 위해서는 팀에서 일러스트레이션이 탁월한 사람은 이에 상응하는 능력을 가진 광고디자이너나 웹디자이너와 함께 앉아야 한다. 팀의 약점으로 여겨질 수 있는 인턴이나 실습생, 신입사원은 아직 '일을 배우는 사람'이라는 것을 명백히 해야 한다. 이것은 그들이 동기를 잃는 것을 피하기 위해서라도 아주 의미 있는 일이다. 실습생들도 본인들의 상황에 맞게 평가받게 된다면 작업에 참여해 두각을 나타내면서 팀 실적에 기여할 수 있다(그리고 실습생들의 실력은 매우 다양하다). 내부적 관점에서 우리는 다른 것도 좋다고 생각하고 싶지만, 수준이 다르다고 해서 현실적 기준이 달라지는 것은 아니다.

팀 구성하기

일상에서 창조적으로 일하라

제대로 일하라 ──────────────────── 어떻게 하면 팀원들을   93
혼자서 일하라   잘 이해시킬 수 있는가?
다른 사람을 위해 일하라
다르게 일하라
일하지 말라

충분한 거리를 둔 여러 관계에서는 큰 문제가 발생하지 않지만 일을 맡게 된 다음에는 갈등이 생길 수 있다. 어느 팀이 핵에너지에 대한 찬성 캠페인이나 반대 캠페인을 계획해야 할 때 갈등은 빠르게 나타난다. 팀원 개개인은 어떤 스타일이 실제보다 덜 위험해 보이거나 더 격렬하다고 평가받을 수 있을지에 대해 의견을 제시한다. 팀 내 의견들 사이에 흐르는 팽팽한 긴장감은 무척 생산적이다. 팀에 대한 연구에서 모두의 의견이 너무 빨리 일치되는 것은 위험할 수 있다는 것이 밝혀졌다. 팀을 구성할 때도 비슷하지만, 다른 의견을 내놓을 수 있는 사람들을 모으는 것이 중요하다. 숄은 "완벽하게 의견 일치가 되어 사람들이 서로에 대해 알 수 있는 경우는 아주 드물고, 합의가 잘 이루어지 않아서 서로에 대해 이해하지 못할 수는 있다."라고 설명했다.

정서적인 조화에 대한 또 다른 차원의 문제가 있는데, 이는 팀원들이 서로 공감하는지 아닌지이다. 의견과 마찬가지로 감정도 변할 수 있지만 오늘 아침에 당장 해결되는 것은 아니다. 어떤 이유에서 우리와 이렇게 긴밀하게 협업하는지 눈치조차 채지 못하게 하는 사람들을 만나면 우리의 판단력은 힘을 잃게 된다. 우리는 그런 사람들을 싫어하고 좋은 것은 기대하지도 않는다. 또 편견 없이 다른 편에 있는 사람에게도 다시 한 번 기회를 주려고 했던 의지는 오래지 않아 바뀌게 된다.

시도 자체는 좋다. 이런 반감은 우리가 좋은 경험을 할 때 반대로 뒤집힐 수 있다. 반감이 나쁜 경험 때문에 생긴 것인지 아니면 충동적으로 그렇게 된 것인지에 따라 달라질 것이다. 좋은 팀워크를 보이려면 스스로를 사랑하고, 소중히 여기며, 공동으로 일할 때 더 낫고, 신속하게 신뢰를 구축할 수 있는 사

갈등 관리의 가치
/
반감 극복하기

람이 중요하다.

솔이 쓴 것처럼 팀워크는 우리가 좋아하는 사람과 의견 교환이 방해받지 않고 쉽게 이루어질 수 있을 때 원활해진다.

'서로 공감이 잘될수록 지식은 성장할 수 있다.'

대인관계는 이런 식으로 이루어진다. 동료와 기분 좋게 맥주 한 잔 마시러 가지 않을 사람이 어디 있겠는가. 그룹 작업의 효율성은 커뮤니케이션과 이를 통한 정보 흐름이 좋아지는 대인관계의 긍정적인 효과를 통해 이루어진다.

(2.27) ———————— 협력은 어떻게 증진시킬 수 있는가?

정치학자 로버트 액셀로드Robert Axelrod는 언제 협력하면서 일하고, 언제 대립하면서 일하는지에 대해 의문을 가지게 되었다. 그는 수학의 흥미로운 한 분야인 게임이론을 이용했다.

다음과 같은 상황을 상상해보자. 여러분이 동료 한 사람과 함께 회사 컴퓨터를 훔쳤다는 의혹을 받고 있다. 이 사건 때문에 여러분은 최고 5년형을 받을 수 있다. 변호사는 두 사람 모두 자백하면 4년형을 받게 될 것이라며 묵비권을 행사하라고 조언할 것이다. 여러분과 동료가 묵비권을 행사하면 여러분은 2년만 감옥에서 보내면 된다. 여러분이 정확한 정보를 가지고 있다면 묵비권을 행사하는 것이 적어도 합리적이라고 생각할 수 있을 것이다. 하지만 검사도 이것을 알고 있을 것이다. 검사는 여러분과 동료에게 죄를 자백하고 자신의 친구에게 책임을 돌리는 사람은 유죄 판명된 사람이 5년형을 받는 데 반해 무죄 판결을 받게 된다며 거래를 제안할 것이다. 결국 두 사람 모두 자백하고 4년형을 받

일상에서 창조적으로 일하라

제대로 일하라 ──────────────── 협력은 어떻게 증진시킬 수 있는가?   95

혼자서 일하라

다른 사람을 위해 일하라

다르게 일하라

일하지 말라

게 된다. 두 사람 모두 묵비권을 행사했다면 각자 2년형만 받았을 텐데 말이다. 만약 이 '죄수의 딜레마'를 제대로 이해하고 있다면 여러분의 머릿속은 긴장하게 될 것이다. 여러분은 어떻게 할 것인가?

'선수들'은 수많은 전략들을 뜻대로 사용한다. 그들은 이기적이거나 자기희생적인 게임을 할 수도 있고, 비이성적인 결정을 내리거나 큰 모험을 걸 수도 있다. 여러분은 맞대응의 법칙에 따라 상대방이 나에게 하는 만큼 나도 상대방에게 하겠다는 식으로 할 수 있다. 액셀로드는 협력을 위해 어떤 전략이 요구되는지 찾기 위해 컴퓨터 프로그램과 맞서 싸우는 게임을 이용했다. 이런 협력적인 경기에서 늘 이길 수 있는 전략은 절대 배신으로 시작하면 안 된다는 것이다. 하지만 만일 동료가 배신하면 그때는 역습을 해야 한다. 동료가 여러분에게 협력하는 한, 여러분도 그에게 협력해야 한다. 여러분의 상대편에서는 알아차리게 될 것이다. 그도 여러분과 신뢰를 가지고 협력할 수도 있고, 아무 공격도 하지 않을 수도 있다. 하지만 그는 여러분이 어떤 경우든지 더 이상 협력하지 않을 거라는 것을 알기 때문에 여러분을 속이려 하지는 않을 것이다. 여러분도 협력을 그만두려 한다는 것을 상대가 알게 되면 더 이상 나쁜 생각을 할 수 없을 것이다.

게임을 통해 얻는 지식은 우리의 일상에 대한 이해와는 반대된다. 다른 사람에게 똑같은 방식으로 보복하는 것은 곧바로 협력을 이끌어낼 수 있게 된다. 액셀로드는 "다른 사람의 약점을 이용하는 것보다는 상호간의 이해관계를 통해 좋은 성과를 얻어내는 방식이 '맞대응'이다."라고 말했다.

독립적으로 행동하면서 늘 협력적이고 배려하는 희생적인 사람은 물론

협력 연습하기

96

갈등을 피할 수만 있다면 모든 것을 다 하겠다고 생각하는 사람조차도 갈등을 일으킬 수 있다.

자신들 앞에 놓인 전체의 미래가 어떤 모습일지 팀원들이 알게 되면 협력에 대한 각오는 굳건해진다. 액셀로드는 공동 작업을 해야 한다면 '미래의 그림자'를 확대할 필요가 있다고 강조했다. 또 팀 내에서 단기적인 계약을 맺고 있거나 만족스럽지 못한 위치에 있는 사람도 협력을 위해서는 어떤 역할을 수행해야 한다.

예를 들어 업무 능력에 대한 보상이 확실할 거라는 자극이 생기면 협력에 대한 생각이 자연스럽게 커지게 된다. 게임 참여자들은 이전의 게임을 통해 좋았거나 나빴던 경험을 떠올리고 이런 점들이 협력에 좋은 영향을 주게 된다. 나쁜 경험을 했던 사람은 다른 게임자들과의 새로운 접촉에서 다른 규칙을 요구하게 된다. 그는 시작 조건에 영향을 미칠 수 있고, 이를 통해 협력의 가능성은 다시 높아지게 된다. 거듭되는 접촉을 통해 '함께 대화하면서' 안정적인 협력이 구축된다. 우리는 매일같이 만나서 작은 부분에 대해서도 자주 의사소통을 하는 상대에게 책임감을 느낀다. 매주 짧지만 효과적인 모임을 갖게 되면 정보의 교류와 협력에 대한 준비는 증진된다. 얼굴을 마주하는 상황을 통해 생긴 사회적인 결속력은 디지털 미디어를 통해서도 쉽게 대체될 수 없다.

게임이론 모델은 수학적으로는 정확하지만 이에 대한 비판도 존재한다. 이론에서는 참여자의 이성적인 태도에 의해 진행되지만 인간이 항상 이성적으로 행동하는 것은 결코 아니다. 한쪽이 협력을 중단하려고 하거나 양측이 규칙

협력을 유발하는 미래
/
마주보기
/
이성에 굴복

일상에서 창조적으로 일하라

제대로 일하라 ————————————— 팀 작업의 리스크와 부작용   97

혼자서 일하라

다른 사람을 위해 일하라

다르게 일하라

일하지 말라

을 너무 엄격하게 따를 때 앞에서 언급한 전략에는 위기가 발생한다. 어느 한 쪽이 다시 협력을 시작하고자 하더라도 반대쪽의 협조가 얼마나 오래 지속될지 예상하기 힘들어진다.

작가 율리 체Juli Zeh는 자신의 베스트셀러 소설『놀이 본능Spieltrieb』에서 게임이론의 부정적이고 도덕적으로 위험한 면을 드라마틱하게 보여주었다. 앞에서 설명한 죄수들의 딜레마에 대한 연구를 통해서는 협력을 안정적으로 할 수 있는 힌트를 알려주려고 했을 뿐이다. 협력이 무너지고 난 뒤에 생기는 갈등은 이 연구에 포함되지 않았다. 인간들 사이의 갈등을 해결하는 것은 게임이론에서도 단지 제한적으로 적용될 뿐이다.

더 복잡한 문제는 게임에서 서로 경쟁했을 때, 인간과 컴퓨터의 감정이나 도덕의 차원이 다르다는 것이다. 이것을 보면 팀 작업은 게임이 아니다!

(2.28) ——————————— **팀 작업의 리스크와 부작용**

팀 작업에서 우리는 학자들이 생각하는 것보다 훨씬 더 훌륭한 능력을 가지고 있다. 이 같은 통찰력에 대해 미국의 사회심리학자 어빙 제니스Irving Janis는 1970년에 어떻게 극단적인 오류가 발생했는지 이미 아이디어를 내고 연구했다. 케네디 시대의 정치적인 실수를 통해 팀 작업 이전에 의사결정 방식과 회의 절차를 꼼꼼하게 챙겨야 한다. 다른 많은 것들처럼 정치적인 결정은 팀의 결정이 되어야 한다. 팀 내의 결정이 개인적인 문제를 결정하는 것과는 차이가 난다는 것을 미리 알고 있어야 한다. 팀의 일원으로서 의견을 내는 것은 개

팀 작업의 리스크

98

인이 다른 사람들과 의논하는 과정보다 더 극단적인 경향이 있다. 이른바 '팀 내 갈등'이라고 부른다.

폰 로젠스틸은 "잘못된 결정에 대한 책임이 있는 심의기관의 분위기가 신속히 달아올라야 한다."라고 말했다. 팀의 분위기가 위험할 만큼 과열될 수도 있다. 함께 버텨내야 한다는 느낌은 아주 깊은 인상을 남긴다. 비판적이고 빗나간 평가를 하는 사람은 제재를 받아야 하고, 신뢰를 받을 수 없다. 스트레스에 시달리는 팀은 전체의 생각이 표류하게 될 위험이 있다. 이 같은 위험이 그룹을 지배하고 있는 비현실적인 낙관론을 '안전에 대한 환상'이라고 규정짓는다. 폰 로젠스틸은 "확실한 도움을 받는 현실은 사라지고, 그렇지 않다면 팀의 행동에 '도덕적인 정당성에 근거한 믿음'이 나타나게 된다."라고 설명했다.

어떤 특정한 행위는 다른 상황에서도 허용되지 않는다는 것을 누구나 알고 있다. 하지만 이제 팀 내에서는 그런 것이 허용된다. 구성원 중 한 명이 이 같은 기류에 문제를 제기한다면, 그는 압력을 느끼게 될 것이다. '내부의 적'을 외부의 적보다 더 용납하지 못하기 때문에 팀으로부터 배제될 수도 있다. 팀원들은 '팀의 만장일치'를 과대평가하는 경향이 있다. 외부 비판자는 무시하거나 적으로 간주할 수 있지만, 자체적으로 결정한 신념을 통해 잘못된 외부 정보로부터 팀을 지킬 수 있어야 한다.

심리학자들은 '팀의 생각'에 대한 정보가 잘못된 결정으로 이어지지 않도록 미리 제어되어야 한다고 가정한다. 마치 잠수부와 같다. 자기 자신과 다른 사람을 관찰하다가 깊은 곳에서 신호가 떨어지면 잠수를 시작한다. 제대로 진행하기 위해서는 얼마나 깊은 곳에서 그 신호가 오는 것인지 정확하게 알고 있어야

팀의 생각 제어하기

일상에서 창조적으로 일하라

제대로 일하라 ─────────────── 팀 작업의 리스크와 부작용   99

혼자서 일하라
다른 사람을 위해 일하라
다르게 일하라
일하지 말라

한다. 팀을 이끄는 사람은 모든 정보를 알고 난 뒤 '팀 의견'에 점점 굴복한다고 생각하는 게 더 쉽다고 믿게 된다. 팀원들은 의혹이나 비판을 더 노골적이고 분명하게 표현할 수 있게 된다.

심리학자들은 모두가 이 생각에 동의하게 되면, 팀 내의 어느 한 구성원이 '악마 같은 변호사'의 역할을 맡게 된다고 충고한다. 보통은 반대 의견이 나타난다. 단지 내부의 견해에 굴복하지 않기 위해 외부 인물들이 산발적으로 관여하게 된다. 장기적인 프로젝트에서는 종종 외부의 견해가 도움이 되기도 한다. 커다란 조직에서는 하위 조직을 구성하는데, 이를 통해 어떤 문제에 대한 제안이 이루어지고 가능한 한 다양한 해결책이 나올 수 있게 된다. 모두의 의견이 일치해야 한다는 스트레스를 줄이기 위해서는 책임자가 각자의 의견을 제지하기도 해야 한다.

3

혼자서
일하라

그래픽 디자인만큼 대부분의 작업을 혼자 하는 분야는 드물다. 고독에 대한 문제만은 아니다. 중소 에이전시나 수많은 프리랜서 같은 예외가 있긴 하지만 규칙은 존재한다. 오늘날의 디지털 통신은 정해진 장소에서 독립적으로 일하는 것을 가능하게 한다. 우리는 사무실이나 호텔, 집에서도 컴퓨터로 네트워크에 접속해 일할 수 있는데, 이때 평범한 소프트웨어나 휴식이 필요할 뿐이다. 광고에는 캐주얼한 옷을 입은 젊은이들이 세련된 바에 앉아 노트북으로 일하는 모습이 나오기도 한다. 이미 몇몇 대도시의 카페들에서는 노트북이 분위기를 주도하고 있다. 사람들은 카페라테를 앞에 놓고 앉아 있는 것을 게으름 피우고 있는 것이라고 여기지만, 이곳은 ICE(독일 고속철도)가 달리는 사무실이 되기도 한다.

30여 년 전에는 사무실에서 일하면서 커피 한 잔과 함께 자유를 누린다는 것은 상상조차 할 수 없었다. 사무실을 나선 사람은 자유로운 저녁을 보내게 된다. 오늘날의 많은 상황들이 그 시대 사람들에게는 자유의 유토피아처럼 초현실적인 꿈같았을 것이다. 그 꿈이 오늘날 많은 디자이너들에게 현실로 이루어졌다.

하지만 노동심리학자들이 '재택근무'라고 이름 지은, 눈에 보이지 않는 악몽이 나타났다. 우리는 유치원 때부터 대학 교육을 마칠 때까지 정해진 장소에서, 지정된 시간 동안 명확한 과제를 수행하는 것에 단련되어왔고 꽉 짜인 틀 안에서 공부해왔다. 이 같은 경험에 익숙해 있기 때문에 새로운 사회생활에 대한 준비가 제대로 되어 있지 못한 것이다. 우리가 배운 적이 없는 원거리 업무는 편하지만은 않은 자유를 제공한다.

이동 중에 일하기

일상에서 창조적으로 일하라
제대로 일하라
혼자서 일하라 ──────────── 중요한 것은 결과이다　　　　　　　103
다른 사람을 위해 일하라
다르게 일하라
일하지 말라

(3.01) ──────────── **중요한 것은 결과이다**

전통적인 사무실에서는 출퇴근 기록기를 통해 직원들의 출퇴근 시간을 직접 관리한다. 늦게 출근하는 사람은 상사에게 주의를 받는다. 업무 시간 동안 사적인 용건은 허용되지 않는다.

하지만 오늘날 이 같은 상황은 부자연스러운 것으로 여겨지고 규칙적인 업무 문화는 잊히고 있다. 시간 외 근무를 많이 하고, 휴식 시간도 갖지 않으며, 휴가도 가지 않는 사람은 심지어 분노의 대상이 되기도 한다. 상사나 동료들은 업무 결과는 보지만 작업 과정에서 울타리가 되어주지는 않는다. 여러분이 너무 빨리 일하는지 혹은 너무 천천히 일하는지에 대해 아무도 별다른 관심이 없다는 것을 초기에 충분히 알려주어야 한다.

또 동료들 간의 유대감은 상대에 대한 인정이나 다양한 사회적 학습 과정을 보장한다. 혹시 아프기라도 하면 건강진단서를 제출하라며 병원에 다녀올 것을 강요하다시피 한다. 물론 병가를 내더라도 월급은 그대로 받을 수 있다. 특히 '라인식 자본주의'라고 불리는 독일 노동 문화에서는 직업세계의 특징이 권리와 의무로 나타난다. 이 같은 근무 문화는 사회주의의 경쟁 시스템 도입과 자본주의의 복지국가적 시도가 어떤 방식으로, 얼마나 오래 이뤄져왔는지와 관련되어 있다. 하지만 오늘날 노동조합의 전통이 자리 잡지 못한 신생 산업에서는 이러한 규칙이나 의무가 중요하게 여겨지지 않는다. 많은 사람들의 스트레스를 덜어주는 것인데도 말이다. 노동심리학자 마르틴 슈텐겔Martin Stengel이 밝힌 것처럼 고용주들은 아직도 '결과 지향적인 관리'를 하는 경향이 있다. 건강하든 아니든, 아침에 일하든 밤에 일하든, 수영장에서 일하든 침대에서 일하

중요한 것은 결과

든 등에 대한 것은 토론 대상이 아니다. 또 주 업무 시간이 아니더라도 성과만 전제되면 된다. 업무 (비)문화에 대한 것은 고용주들의 관심 밖이다. 고용주는 명령을 하고 결과만 기다릴 뿐 다른 것은 문제가 되지 않는다.

(3.02) ——————————— **재택근무의 단점**

집에서 일하는 사람은 자신의 사적인 공간을 업무적인 필요에 따라 조정해야 한다. 무엇보다 이 같은 과정은 회사 내 절차와 다른 점이기도 하다. 회사에서 는 적어도 책상, 모니터, 사무용 의자, 조명이나 주변 환경에 대한 노동법적인 규정 혹은 인체공학적인 기준이 중요하다. 건강상 필요한 환경 조건 역시 전화 업무를 위해 중요하다. 하지만 기업에서는 사적인 공간을 어떤 고용주도 마음 대로 할 수 없도록 법률적으로 보호하는 것이 중요하다.

재택근무는 홈오피스를 마음대로 계획할 수 있는 '자유'를 주지만 이를 위 해서는 개인의 투자가 필요하다. 집 안에 방 하나를 사무실로 꾸밀 만한 충분 한 공간이 있는가. 컴퓨터나 모니터를 새로 장만할 때 비용이 들기 때문에 회 사에서 제공하는 것보다 저렴하고 작은 것을 갖추게 될 수도 있다. 얼마나 투 자할 수 있는가. 대부분 투자금의 일부를 휴가 비용으로 남겨두고 싶거나 거 실 인테리어가 망가지는 것을 바라지 않기 때문에 인체공학적인 사무용 의자 는 포기하고 만다.

그리고 컴퓨터 작업에 필요한 조명을 설치하는 데 전문적인 지식이 필요 할 수도 있고, 업무에 이상적인 조명이 소파 주변의 저녁 분위기와 어울리지 않을 수도 있다. 재택근무는 일하는 사람에게 재정적인 부담을 준다. 고객은 홈

일상에서 창조적으로 일하라
제대로 일하라
혼자서 일하라 ─────────────────── 재택근무의 단점   105
다른 사람을 위해 일하라
다르게 일하라
일하지 말라

오피스가 최소한의 인체공학적인 규격을 충족하는지에 대해 책임질 필요가 없다. 혹시 건강에 문제가 생기더라도 일하는 사람이 책임질 일이다.

홈오피스에서는 언제 일해야 할지 일깨워주는 것도 없다. 업무 시간을 스스로 결정하고 변경하는 것이 허용되지만 이는 매일 새롭게 발생하는 쉽지 않은 문제이다. 이 문제를 해결하기 위해서는 시간이 걸린다.

재택근무를 하는 사람에게 업무의 순서는 문제가 되지 않는다. 최악의 경우 이것은 조직적인 문제가 아니라 양심의 문제가 되어 이상한 행동을 하는 사람으로 보여 평판이 나빠질지도 모른다. 부모님은 여러분을 실업자 혹은 '이제 집에 있는 사람'이라고 생각하고 갑자기 현관문 앞에 나타날 수도 있다. 그리고 커피 한 잔 할 시간을 내어달라고 할 것이다. 일하는 날과 쉬는 날이 규칙적인 대학생이나 교사, 공무원에게는 낮에 전화해 수영장에 함께 갈수 있는지 물어보지 않겠지만, 여러분은 '집에 있는 사람'이기 때문에 그런 전화도 받게 된다.

주변 사람들은 여러분이 대부분의 시간을 자유롭게 쓸 수 있다고 생각한다. 하지만 여러분은 시간이 많이 없기 때문에 이들에게 반감을 불러일으키게된다. 회사원이나 공무원인 주변인들은 여러분이 집에 있는 사무실에서 일한다는 사실을 납득하기 힘들다.

직업적인 문제뿐만 아니라 사생활에 대한 침해와 갈등도 재택근무에 수반된다. 이 같은 문제는 다른 동료들도 마찬가지이다. 경제심리학자 미하엘 트리에Michael Treier는 수많은 연구를 통해 '가정과 일의 조화라는 신화'에 대한 반론을 내놓았다. 연구 결과를 보면, 재택근무를 하면서 아이를 키우는 여성들

장애 관리
/
정말 재택근무가 가족 친화적인가?

이 엄청난 자유 시간을 갖는 것 같지만, '전통적인 역할 기준' 때문에 힘겨워한다는 것을 알 수 있다. 집에 있는 사람은 가정의 모든 일, 즉 빨래, 쓰레기 버리기, 장보기, 심지어 유치원 쉬는 날 아이와 놀아주는 것까지도 눈앞에 있기 때문에 책임감을 느낀다.

집의 규모도 갈등으로 이어질 수 있다. 집을 사무실로 개조하려면 배우자나 아이가 자신들의 공간을 포기해야 하는 일이 생기기 때문에 갈등이 발생할 수 있다. 이상적으로 홈오피스는 별도의 닫힌 공간을 필요로 하며 사람들이 지나가는 통로에 있어서도 안 된다. 하지만 이상적인 공간을 선택해 그곳을 사무실로 개조하고 그곳에서 매일 여덟 시간 이상 머무르게 되면, 사적인 공간은 더욱 축소되게 마련이다. 업무 공간을 위해 방 하나를 사용하면 불가피하게 가족을 위한 공간은 그만큼 작아지는 것이다.

여러분에게는 중요한 일이겠지만 다른 가족들에게는 갈등 없이 받아들이기가 힘들 것이다. 업무를 위한 방에 전화도 연결해야 하고, TV까지 설치해야 한다면 논쟁을 피할 수 없을 것이다. 재택근무를 하려면 사생활 보호에 대한 문제도 발생하기 때문에 관계에 대한 갈등이 생길 가능성이 많다.

재택근무를 하는 사람은 많은 시간을 집 안에서 보내게 된다. 업무 강도가 높은 기간에는 홈오피스에서 떠날 수 없다. 슈텐겔은 이 같은 상황을 '디지털 은자Elektronische'라고 이름 지었다. 이 '감옥'에서 오랜 시간을 보내는 사람은 고립된 느낌을 받게 된다.

전화나 이메일이 동료나 고객, 친구들과의 만남을 진정으로 대체할 수는 없다. 침대에서 책상으로 가는 길은 짧고, 여러분은 많은 것을 놓치게 된다. 일

일하러 가는 길

일상에서 창조적으로 일하라
제대로 일하라
혼자서 일하라 ─────────────────── 재택근무의 단점   107
다른 사람을 위해 일하라
다르게 일하라
일하지 말라

하러 가는 길은 개인적인 삶과 업무적인 삶 사이를 분리시키는 심리적인 역할을 한다. 옷을 갈아입고 집을 떠나 일하러 가는 사람은 그 과정을 통해 자신감이나 확신을 얻는다. 또 신체적인 움직임이 몸 안의 순환을 작동시킨다. 길거리에서 혹은 대중교통을 이용하면서 사람들을 만나기도 한다. 노동심리학자 에버하르트 울리히Eberhard Ulich가 저술한 것처럼 많은 사람들이 출근길에 대해 불평하면서도 수많은 자극을 받기도 하고, 학습 기회를 갖기도 한다. 우리는 길에서 날씨나 도시의 활기, 사소한 즐거움 등 많은 것을 경험하게 된다. 이 같은 사소하지만 귀찮은 일들이 우리의 경험을 풍부하게 만들어준다. 최고급 개인 승용차를 타고, 사치스럽게 인테리어 된 사무실에서 일하며, 특급 호텔에 머물거나 비즈니스클래스석을 이용하는 몇몇 고급 관리들을 세상물정 모르는 사람이라고 말하는 것도 같은 맥락이다. 그들이 한 달만이라도 대중교통이나 자전거를 이용해 출근해본다면 현실세계를 제대로 인식하는 데 도움이 될 것이다.

집 안에서 나오지 않으면 지치게 마련이다. 아무리 조명이 잘 설치된 공간도 아직 잠자고 있는 몸 안의 시계가 '낮'으로 인식할 만큼 강하게 만들기란 쉽지 않다. 과학저널리스트 페터 슈포르크Peter Spork는 자신의 책『수면에 대한 책 Schlafbuch』에서 "시간생물학적인 타이머라는 심리적인 시계가 실수하는 것은 신체가 신호를 보내는 것이다."라고 말했다. 심지어 흐린 날도 실외의 빛의 강도가 더 세다. 비가 오더라도 지하철역까지 가는 동안 몸에 필요한 빛이 충분히 보충된다.

재택근무를 하는 사람은 이 문제를 아주 간단한 방법으로 해결할 수 있다. 아침마다 깔끔한 옷으로 갈아입고, 식사를 한 다음 집에서 나와 한 블록 정도

내면의 자명종

걸어서 20분쯤 뒤에 되돌아오는 것이다. 매일 출근하는 사람처럼 걷는 시간을 확보하는 이 같은 의식을 통해 충분한 빛을 받게 될 뿐만 아니라 개인 시간과 업무 시간 사이의 심리적인 경계를 구분하게 된다. 물론 저녁에도 똑같이 한다. 변명이 필요한 상관이 있는 것은 아니지만 비가 온다고 미뤄서도 안 된다. 강아지를 키워도 좋다. 공개적으로 자신의 활동에 대한 결심을 실행하게 만들 조건이 필요하기 때문이다.

회사와 달리 홈오피스에는 동기부여를 해줄 만한 것이 기다리고 있지 않다. 여러분 스스로 움직여야 한다. 도시의 많은 사람들이 집에서 일한다. 점심시간에 다른 사람과 만나 한 시간 정도 함께 보내거나, 일하기 전에 친구와 수영을 하거나, 저녁에 자전거를 타는 것도 좋다. 하루에 한 번 슈퍼마켓에 가는 것도 환경 변화를 위해 필요하다.

(3.03) ──────────── **자기 규율의 부족**

대학을 마친 뒤 사회 경험이 없는 사람들이 재택근무를 할 경우 스스로에 대한 규율이 부족하다는 약점이 있다. 이들은 대학 교육을 받으면서 부모나 연방장학금, 학자금 대출을 통한 재정적인 후원을 받아왔다. 대학 시절은 재정적으로나 사회적으로 안전한 천국과 같았다. 대부분의 학생은 열심히 공부하기는 했지만 오랜 기간 끊임없이 최선을 다하기는 힘들었을 것이다. 대학생들에게는 공부와 자유 시간이 명확하게 나누어 있지 않다. 학부 과정에서 이어진 방식은 습관은 신축적이지만 스스로에 대한 규율은 부족하다. 수업에 지각하는 것처럼 시간 관리를 잘 못하는 것은 많은 대학생들의 문제 가운데 하나이

학업 혹은 사회생활

일상에서 창조적으로 일하라
제대로 일하라
혼자서 일하라 ———————————————— 나쁜 기분   109
다른 사람을 위해 일하라
다르게 일하라
일하지 말라

다. 일반적으로 그들의 잘못된 행동은 성적이 안 좋은 것 외에는 그다지 심각한 결과를 낳지 않는다.

하지만 대학 시절의 나쁜 습관을 사회생활의 현실에서도 극복하지 못하고 프리랜서가 된 사람에게는 문제가 생긴다. 실수하거나 망친 시험은 '단지' 자신에게만 결과가 미치지만, 인쇄 일정에 차질을 빚거나 실수를 범하는 것은 금전적으로나 법적으로 좋지 않은 결과를 낳는다. 이 경우 고객을 잃는 것은 작은 문제일 뿐이다. 대학을 마치고 곧바로 독립적인 재택근무를 시작하는 것은 자신의 인생을 걸어야 하는 아주 무모한 행위이다. 대학 졸업 후 일반적으로 신입사원이 되고 실용 지식을 얻으면서 경험을 쌓아야 한다. 재택근무에는 수많은 사회적 리스크와 도전이 따른다.

성공한 프리랜서들은 보통 수년간 직장생활을 하면서 경험과 인맥을 쌓아왔다. 이 과정에서 자기 규율적인 문제가 해결되는 것이다. 대학을 가기 전에 직업 훈련을 마친 사람이 장점을 갖는 것은 분명하다.

(3.04) ———————————— **나쁜 기분**

우리는 일하면서 지속적으로 기분의 영향을 받는다. 회사에서 기분이 안 좋으면 동료에게 화풀이하면서 기분 전환을 하기도 한다. 종종 주변의 일 때문에 기분이 상하기도 하지만 또 다른 일을 접하면서 잊게 된다.

하지만 혼자 일하는 사람들은 부정적인 생각에 집착하는 경향이 있다. 안타깝게도 이 부정적인 생각은 상응하는 결과를 낳는다. 심리학자 파울 바츨라비크Paul Watzlawick는 저서 『불행의 추구Anleitung zum Unglücklichsein』에서 안락의자

자기 동기부여

에 앉아 자신이 치명적인 병에 걸린 것처럼 말해보라고 제안했다. 그러면 불과 몇 분 뒤 효과가 나타나 미처 알아차리지 못했던 옷이나 재킷, 방 안에서 이상한 점을 발견하거나 가벼운 두통을 느끼게 된다는 것이다. 이 증세는 이미 존재해오던 것이다! 이 상태로 한 시간 더 있어야 한다면 어떤 기분이 들지 상상해보자. 이 같은 연습은 혼자서만 해야 하는데, 나쁜 생각이 현실을 시험하는 것을 다른 사람을 통해 견디면 안 되기 때문이다. 아침에 일어났을 때 누텔라(페레로로쉐에서 나오는 초콜릿 스프레드-옮긴이) 병이 비어 있는 것이 최악의 경우라고 생각한다면, 여러분은 이런 나쁜 생각으로부터 자유로워질 수 있을 것이다. 동료가 점심시간에 치과에 약속이 돼 있다고 말할 때도 말이다.

다른 사람들과의 관계나 불화 때문이 아니더라도 아주 하찮은 것 때문에 침울한 분위기가 하루 종일 지속될 수 있다. 분위기 전환뿐 아니라 스트레스 해소에도 다른 사람들이 도움이 될 수 있다. 하지만 혼자 일하는 사람들은 업무 파트너나 다른 프리랜서 혹은 친구들과 업무를 위한 인간관계를 지속해야 한다. 고용계약이 구조적으로 정해진 것처럼 여러분도 지속적으로 인간관계를 구축하고 유지할 수 있어야 한다.

프리랜서와 그 고객 사이의 관계는 점점 더 친밀해지고 신뢰를 쌓는 것이 필요하다. 고객은 친절하게 답해주는 파트너를 선호한다. 이를 위해 안정적으로 협력해야 한다. 이 관계가 우정과 차별화되지 않는다면 업무적인 리스크가 생길 수 있다. 친구나 친척을 위해 '소용없는' 일을 해본 사람은 예기치 않은 지나친 요구가 있을 수 있다는 것을 알 것이다. 갑자기 '작은 도움'을 주기 위해 40쪽짜리 결혼식 관련 브로슈어를 만들어야 할 수도 있다.

인적 네트워크

일상에서 창조적으로 일하라
제대로 일하라
혼자서 일하라 ──────────────── 재택근무의 장점   111
다른 사람을 위해 일하라
다르게 일하라
일하지 말라

(3.05) ─────────────── **재택근무의 장점**

자유는 부담스럽기만 한 것은 아니다. 재택근무를 하는 사람들은 회사원들에 비해 자신의 시간을 훨씬 더 자유롭게 관리할 수 있을 뿐만 아니라 활동 범위도 넓다. 작업에만 몰두하기 위해 얼마나 오랫동안 전화를 받지 않을지도 스스로 결정한다. 오전 7시에 일을 시작할지, 아니면 9시나 11시에 시작할지를 결정하는 것도 상사가 아니다. 일이 없는 날이면 11시쯤 업무를 시작해도 되고, 아침 운동을 좋아한다면 그렇게 해도 된다. 비나 눈이 오면 일을 더 많이 할 수도 있고, 날씨가 좋으면 자전거를 타고 나갈 수도 있다. 그리고 고객이 더 많은 것을 요구하는 날도 있을 것이며 단기적으로 일이 없다면 자유 시간을 가져도 좋다. 스스로 자유 시간을 결정하는 것이 처음에는 어렵게 느껴지지만 곧 익숙해지게 된다.

이러한 재택근무에 따르는 시간 변주는 높은 동기부여를 해준다. 하지만 일이 중단되면 시간이나 돈을 허비하게 되고 그동안 신경 쓴 것이 소용없게 된다. 재택근무를 하면 업무 과정이 단축되기 때문에 시간과 돈을 절약하고 신경도 덜 쓸 수 있다. 동네 한 바퀴 도는 데 시간이 다소 걸리더라도 아우토반에서 세 시간 동안 교통 체증에 시달리고, 출근할 때 만원 지하철에 시달리는 것도 모자라 지각까지 하며, 대도시 횡단보도에서 진눈깨비를 맞는 것보다 힘들지는 않을 것이다.

매일 '업무용 옷'을 갖춰 입을 필요가 없기 때문에 비용도 아낄 수 있다. 옷이나 액세서리는 고객과의 약속이 있을 때 걸칠 것만 있으면 충분하다. 여러분의 옷장이 매일 입을 비즈니스 정장으로 가득해질까 봐 걱정하지 않아도 된다.

집에서 일하는 사람은 다림질도 덜 해도 된다.

아이디어를 발견해 적용하는 방법은 여러분이나 다른 어떤 사람의 작업 환경에서 가져온 것은 아니다. 쉽지 않은 방법도 시도해보도록 자극한다. 여러분은 재택근무를 하는 사람으로서 자신만의 습관을 만들어도 된다. 이 같은 경험이 몇 년 동안 쌓이고 나면 놓치고 싶지 않은 자율성을 가지고 일할 수 있게 된다. 개인으로서 성공과 실패의 책임이 누구에게 있는지 분명하게 판단할 수 있을 것이다. 여러분 자신! 그리고 프리랜서로서 거칠게 싸우는 시장에서 지속적으로 살아남는다면 여러분은 성공한 것이다.

(3.06) ———— **가정, 직업 그리고 전화로 하는 재택근무**

재택근무를 하게 되면 일에 대한 기대도 크겠지만 가정과 일이 한 지붕 아래 함께하는 좋은 기회도 얻는 것이다. 안타깝게도 독일에서는 이러한 부분에 대해 여성들에게 더 많은 것을 기대한다. 사회학자 소냐 호른베르거Sonja Hornberger 와 유르겐 봐이즈하이트Jürgen Weisheit는 재택근무로 인해 생기는 기회와 리스크에 대해 다음과 같이 저술했다.

재택근무를 함으로써 자율적으로 시간과 가사를 조정할 가능성이 생긴다. 리스크라고 하면 초과근무가 간과되거나 업무 시간이 너무 길어질 수 있다는 것이다. 아침 6시만 되면 아이들은 침대에서 시끄럽게 노래를 부르면서 부모의 수면 시간을 단축시킨다. 밤에 아이가 잠들고 난 다음에 업무에 집중하면 다음 날 컨디션을 회복하는 데 시간이 오래 걸린다.

시간을 자율적으로 이용하기

일상에서 창조적으로 일하라
제대로 일하라
혼자서 일하라 ─────────── 가정, 직업 그리고   113
다른 사람을 위해 일하라   전화로 하는 재택근무
다르게 일하라
일하지 말라

두 저자가 쓴 것처럼 무엇보다 재택근무는 '업무 장소와 시간을 생활 지향적으로 정해놓은' 것이다. 아이들은 부모로부터 재정적인 면에서 양육적인 면까지 많은 부분을 필요로 하는데, 전화 업무를 하게 되면 이 모든 것이 가능해진다. 문제는 일과 사적인 영역 사이의 경계가 점점 사라지고 있다는 것이다. 시간은 업무를 위해 혹은 아이를 위해 쓸 수도 있지만 둘을 한꺼번에 해결해서는 안 된다. 멀티태스킹은 좋은 해결책이 되지 못한다. 육아에 있어 재택근무의 가장 큰 장점은 집에 사무실이 있기 때문에 아이와 함께 있을 수 있다는 것이다. 이를 통해 부모와 아이 사이의 관계가 개선될 수 있다.

하지만 업무 시간과 사적인 시간의 경계를 유지하기 위해서는 함께 노력해야 한다. 아이의 관점에서 봤을 때 일은 단지 엄마나 아빠 혹은 둘 모두와의 거리가 존재한다는 것을 의미하므로, 엄마와 아빠가 이것에 대해 명확히 구분한다면 아이도 즐기면서 동기부여를 받을 수 있을 것이다.

이에 반해 호른베르거와 봐이즈하이트는 이 과정에서 실패할 위험도 있다고 봤다. 아이들은 집 안의 공간에 대해 두려움을 느껴서는 안 되는데, 부모가 집을 '사무실'이라고 부르고 방해하지 못하게 한다면 문제가 될 수도 있다는 것이다. 재택근무가 가족에게 기회가 될지, 위기가 될지는 집 안에서의 삶을 어떻게 채워 나가고, 일과 사생활을 어떻게 통합할 수 있는지에 달려 있다.

위험을 염두에 두면서 기회를 이용할 수 있는 사람은 이 업무 형태를 통해 확실한 이익을 거둘 수 있을 것이다. 도전적이고 흥미로운 프로젝트를 시험해보는 것이라고 생각하고 단점이 더 많은 것으로 보이면 중단할 수 있다. 가족관계 속에서 장단점이 어떻게 나타나는지 살피고 협상해야만 한다.

오늘날의 '가족 시스템' 안에서 자유와 책임, 인정, 수입 등은 50년 전과는

일과 가정
/
기회 혹은 위기가 되기도 하는 재택근무

다르다. 직업을 가진 남편 혼자 돈을 벌고 '아내는 집에 있는' 시스템의 일방적인 장점은 이제 지난 시대의 것이 되었다. 여성 해방에 대한 문제를 제외하고도, 일부 상류층 말고는 가장 혼자 벌어서 가족의 기본 욕구를 충족시킬 수 있는 수입을 올릴 수 없다. 하지만 이렇게 힘든 경제적 현실에 대한 자신의 입장과 가치를 남편 혹은 부모와 조정할 수 있어야 한다.

(3.07) ──────── 재택근무 공동체

빈에 있는 로슈Rochu 공원은 전화 업무의 장점을 살린 공간이다. 공원 한가운데 있는 센터는 일하고, 영감을 받고, 공부하고, 만나고, 가능성을 볼 수 있는 장소로, 자영업자나 기업인, 예술가들에게 심리적인 사교 공간을 제공한다. 로슈 공원에는 창의적인 분야에서 혼자 일하는 사람이나 소규모 회사들이 사무실을 마련할 수 있다. 하지만 머리 위에 지붕이 있는 것은 아니다.

노동심리학자들은 집단적 전화 업무에 대한 개혁적인 프로젝트를 이미 오래전부터 연구하고, 격려하면서 성과를 거두어왔다. 노동심리학자 안드레 뷔싱Andre Büssing과 잔드라 오만Sandra Aumann이 저술한 것처럼 무엇보다 '지역의 재택근무 산업이 사회적으로 고립되는 것을 막아보자는 것'이 목적이다.

창의적으로 일하기 위해서는 긍정적인 고독이 필요하기도 하지만 무조건 정체된 고립이어서는 안 된다. 쉴 때 만날 수 있는 가까운 사람들도 필요하고 무엇보다 성공한 사업 경험을 보고 듣고 배울 필요도 있다. 비정상적으로 특이한 형태의 극단적인 고독은 종교적인 배경을 가지고 있는 것들뿐이다.

무엇보다 사회적인 경쟁을 이용하고 발전하기 위해서는 재택근무의 이상

미래의 업무 형태

일상에서 창조적으로 일하라
제대로 일하라
혼자서 일하라 ─────────────── 재택근무 공동체   115
다른 사람을 위해 일하라
다르게 일하라
일하지 말라

적인 조건을 활용할 수 있어야 한다. 로슈 공원 같은 개인을 위한 '조합'에는 협상에 대한 규칙에 공감하고, 같은 지역에 존재하는 주변 사무실들이 있다. 하지만 권위주의를 내세우는 상사는 없다. 그곳에서 일하는 모든 사람들이 공동체 규칙에 따른다. 공동체 내에서는 '소문'이 중요한 지식의 원천이 되며 심리학자들은 이것을 비공식적인 정보라고 한다.

　미디어만 우리가 알아야 할 지식을 제공하는 것은 아니다. 다른 사람과 점심을 먹으면서 나누는 대화를 통해 다른 사업 분야에는 어떤 것이 있는지, 다른 사람들은 어떤 영화에 감동을 받는지, 어떤 웹사이트를 마음에 들어 하는지 알게 됨으로써 자신의 문제를 해결하는 데 도움을 받을 수도 있다. 대면 접촉을 통해 이론적인 지식, 경험, 상대방이 가지고 있는 인적 네트워크를 이용할 수 있게 된다. 사소한 대화인 것 같지만 믿을 수 없을 만큼의 잠재력이 존재하는 것이다.

　점심시간에 몇몇 사람들과 이야기를 나누다 보면 런던에 있는 에이전시 사무실에 있는 것처럼 새로운 집이나 중고가게, 안과 병원이나 책에 대한 정보 등 수많은 것들에 대해 알 수 있게 된다. 심지어 실수를 막을 수 있는 다른 사람의 실패담도 교환하게 된다.

　전공이 다양한 사람들과 공동으로 사무실을 쓰는 것의 잠재력은 값을 매기기가 어렵다. 그곳에서 일하는 사람들은 새로운 업무 형태의 단점과 문제점을 '기업체 근로자'들의 환경 조건처럼 완화시킬 수 있게 된다.

　여러분은 자신의 문제를 다른 사람과 소통하고 배우면서 해결할 수 있으며, '나만 잠 못 이루는 밤을 보내면서 고민하는 게 아니다.'라는 것을 알게 된다. 사 회 초년생이라 긴장하고 있는 사람들은 '나이 든 토끼'들의 경험을 통해

커뮤니케이션과 정보
/
다른 사람의 경험 얻기

안심할 수 있게 된다. 이러한 창의적인 조합이 권할 만한 이유는 세대 간의 혼합이 가능하기 때문이다. 이를 통해 나이, 성별, 출신, 경험, 지식이나 전문적인 능력 등 다양한 것들이 창출될 수 있다.

뷔싱과 오만은 '일하는 것과 일하지 않는 것 사이의 상징적인 경계'를 유지할 것을 제안했다. 집 밖에 존재하는 것이기는 하지만 이 사무실 공동체는 좀 더 저렴하고 사회적이다. 사무실 공동체가 집에서 멀지 않은 곳에 있다면 공동적인 재택근무가 가족 친화적으로 유지될 수 있을 것이다.

보육 문제에 대해서도 마찬가지이다. 여러분뿐 아니라 아이를 돌봐야 하는 동료가 몇 명 더 있다면 함께 보모를 고용하고, 장소를 임차할 수도 있지 않겠는가. 하리보Haribo(독일에서 '국민 젤리'라고 불리는 곰 모양의 젤리-옮긴이) 같은 혁신적인 기업이나 몇몇 대학들이 시범 운영하고 있는 구내 유치원들이 전화 업무자들의 부담을 덜어줄 수 있는 방법이 될 것이다. 여러분은 큰 기업들과는 달리 보육을 각자의 필요조건에 맞게 해결할 수 있다. 고객이 자신의 아이를 데리고 와서 잠깐 맡길 가능성까지 고려했던 IKEA의 성공적인 보육 원칙은 고유성을 인정받지 못했다. 개인 사업자들도 사무실 공동체를 통해 경쟁 상대의 장점을 이용할 수 있어야 한다.

재택근무 공동체는 경제적이고 환경 친화적이다. 초기에 전화 업무를 했던 사람들은 환경보호에도 큰 의미를 뒀다. 통근 거리가 짧아져 교통량을 줄일 수 있기 때문이다. 또 뷔싱과 오만이 쓴 것처럼 일반적인 기술적 사회설비나 장비, 사무실 인테리어도 훌륭하고, 까다롭고 복잡한 작업도 지원해준다. 회의실이나 다용도실, 보육 공간도 공동 사용하기 때문에 훨씬 저렴해질 수 있다.

재택근무 공동체의 장점

일상에서 창조적으로 일하라
제대로 일하라
혼자서 일하라 ──────────────── 독립의 심리학   117
다른 사람을 위해 일하라
다르게 일하라
일하지 말라

(3.08) ──────────── **독립의 심리학**

독립하려는 사람에게는 도움이 필요하다. 독립적인 '프리랜서'이거나 그냥 집에서 일하는 것일지라도 사회적인 협력이 필요하다. 사회심리학자 귄터 F. 뮐러Günter F. Müller는 "새로운 사업체를 설립한 경험을 담은 성공기에는 언제나 사회적 네트워크 속에 있는 가족이나 연인, 멘토, 직업적 혹은 외부와의 관계 속에서 만나는 사람들에 대한 이야기가 포함되어 있다."라고 말했다. 주변에 있는 사람들은 우리의 강점이나 역량뿐 아니라 두려움까지 보여주는 정체성의 주요한 구성 요소이다. 어린 시절에 겪은 경험은 우리 인생에 깊은 인상을 남긴다. 그 인상은 운명 같은 역할을 하지는 않지만, 우리가 뭔가를 시작하는 결정적인 계기가 되기도 한다.

　또 직업적으로 독립하는 데는 출신도 역할을 한다. 여러 세대 동안 독립적인 사업을 해온 가족 출신이라면 본인이 느끼든, 느끼지 않든 이러한 사업 형태에 대한 많은 지식을 이미 알고 있을 것이다. 그리고 이것을 긍정적으로 평가하든, 부정적으로 평가하든 어떻게 일할 것인지 결정하는 데 영향을 받게 될 것이다. 성공적으로 독립해 일한 사람은 자신의 아이가 직업을 선택할 때 일의 형태를 이유로 말리지는 않을 것이다. 대신 리스크에 대한 경고와 본인의 실수를 통한 가르침을 주고 확실한 격려도 할 수 있을 것이다.

　반드시 그런 것은 아니지만 소시민적인 직장인 부모들은 반응이 다를 수 있다. 회사의 든든한 재정, 안정적인 급여와 고용, 근무 시간과 여가 시간의 확실한 분리, 급여를 받는 초과근무, 휴가비, 확실히 보장되는 휴가가 직업적인 독립보다 훨씬 중요하다고 여긴다. 단지 그들은 다를 뿐이다. 이런 이유에서

지지 확인하기
/
독립적인 사업의 부작용

독립적인 사업 경험이 없는 부모나 친구들은 당연히 다른 판단을 내리게 된다. 눈앞의 리스크와 단점들을 보면서 걱정하고 자신의 자녀가 불명확한 삶을 살지 않기를 바란다. 이 분야에 대한 직접적인 경험 없이 조언과 격려를 해주는 것이다.

우리에게 필요한 격려의 말은 용기를 주면서도 제지를 하지 않는 것이어야 한다. 다른 사람의 편협함이나 비판, 의심에 화내기 전에 누가 어떤 경험을 바탕으로 그러한 조언을 하는지 고려해야 한다. 무엇보다 부모로부터 정신적, 사회적, 재정적인 후원을 받는 사람은 훨씬 쉽게 자리 잡을 수 있겠지만, 이렇게 하면 그의 독립이 진정으로 성공한 것은 아니다. 가족이나 친구로부터 후원받을 수 없는 사람은 멘토나 롤모델을 찾아도 된다.

프리랜서들의 성공이 높이 평가받는 결정적인 요소는 사회적 네트워크이다. 여러분은 가족으로부터 완전히 독립될 수 있다. 이전의 동료나 친구, 사업 파트너, 고객, 클럽 회원, 선생님이나 교수님도 좋은 후원자나 조언자, 지지자가 되어줄 수 있다. 가족 밖에서 네트워크를 형성하게 되면 출신과 고향은 중요하지 않다.

밀러는 개인 사업으로 성공하는 데 도움이 되는 개인의 성격에 대해 저술했다.

직업적인 부분에 대해 부모나 다른 사람이 가르쳐준 적이 있는지는 전혀 상관이 없다. 독립적으로 창의적인 분야에서 일하는 사람은 시장에서 자신의 상품이나 기회에 대해 종종 의심할 줄도 알아야 한다.

불확실성 책임지기

일상에서 창조적으로 일하라
제대로 일하라
혼자서 일하라 ─────────────────── 독립의 심리학   119
다른 사람을 위해 일하라
다르게 일하라
일하지 말라

> 프리랜서들은 이 같은 불확실성을 동료나 상사에게 떠넘길 수도 없어
> 혼자 책임져야 한다. 대신 책임져줄 사람이 없는 삶은 노력이
> 필요하지만 더 큰 성공을 가져다줄 수 있다.

심리학자들은 포기하지 않고 내면과 외면의 긴장을 견디게 해주는 능력을 '모호한 내성'이라고 부른다. 프리랜서의 경우 우선 눈에 띄는 것은 재정적인 면이다. 돈이 계좌에 입금되는 것은 불규칙적이지만 임차료는 정기적으로 이체된다. 비록 입금되더라도 모두가 정말 자신의 것인지 확신할 수 없다. 세무공무원들이 세금을 부과할 것이기 때문이다. 세금을 내야 비로소 이전이나 이후 소득에 대해 확인할 수 있다. 여러분은 은행 계좌의 숫자만 알고 있을 뿐 얼마나 많은 돈을 가지고 있는지 전혀 알지 못할 것이다. 계좌 상태가 여러분의 기분을 좌우한다면 극단적인 상황에서 영원히 두려워하며 살아야 할지도 모른다. 여러분의 주문 장부가 빽빽하더라도, 이것이 내년에도 마찬가지일 거라는 보장은 없다. 고객에게 계약 통보를 받을 수 있을지, 언제 그 소식을 들을 수 있을지는 여전히 불확실하게 남아 있다. 이것이 우리의 근무 조건의 안정성을 위협해서는 안 된다.

회사의 파산이 알려지고 매각되면 일자리가 없어지고 해고되는 것이 당연시된다. 종신 고용계약이 취소될 수도 있다. 많은 사람들이 프리랜서 생활의 불확실성을 자기 집을 가진 사람들이 지고 있는 채무 규모를 정확하게 파악하는 것보다도 나쁘다고 여긴다. 하지만 심리학적으로 봤을 때 할부금을 30년에 걸쳐 갚는 것도 어떤 선견지명을 가지고 있는 것처럼 보인다. 이것은 엄청난 빚이지만 우리는 이것을 제대로 인지하지 못하고 있다.

상황에 대한 바로미터가
되는 은행 잔고

소피아 머클Sophia Muckle이 자신의 책『여정Parcours』에서 이야기한 것처럼 존재의 이유는 여정이지 기회가 아니다. 머클은 고객의 의뢰나 계산서, 법률적이거나 세무적인 문제에 집착하지 않을 수 있는 여러 값진 조언들을 해주었다.

경영을 하는 사람들에게는 두 가지 특징이 있다. 바로 실행력과 적응력이다. 프리랜서는 갈등이나 장애에 전투적으로 맞서고, 환경과 시장의 변화나 기술 발전에 적응할 수 있어야 한다. 우선 힘과 자각이 요구되고 그다음으로는 날카롭게 관찰할 수 있는 눈과 앞을 내다볼 수 있는 능력이 필요하다.

자신감을 갖고 독립적으로 일하는 사람들이 가장 위험에 빠지기 쉽다. 자신감이 강한 사람은 종종 상식에서 벗어나기도 한다. 어떤 사람들은 처음에 소규모 업무를 끝내고 나면 자신이 제국의 지배자이고 자신만의 그림을 그릴 수 있다고 생각한다.

밀러는 자영업자의 실패 원인을 '현실에 대한 왜곡된 인식'이라고 보았다. 사업을 독립했을 때는 자신감이나 용기도 필요하겠지만 현실적이고 회의적으로 자기비판도 할 수 있어야 한다. 고객이 갈등을 일으키기 전에 돈을 지불하는 사람이 누구인지 생각해야 한다. 시작할 때의 장점이 위험으로 이어질 수 있다.

업계에서 좋은 평판을 받으며 사업체를 경영해온 부모에 이어 2세 경영자가 된다면, 심리적으로 학습된 부주의 때문에 위험에 빠질 수도 있다. 부모 덕택에 회사의 성공을 암암리에 당연한 것으로 여기겠지만 기존의 명의나 거래처 같은 것만으로는 모든 것이 해결되지 않는다. 부모가 성공했다고 해서 그 자리를 차지할 수 있을까. 현실적으로 보면 전부가 그렇지는 않을 것이다. 시

현실성 유지하기

일상에서 창조적으로 일하라
제대로 일하라
혼자서 일하라 ───────────────── 독립의 심리학   121
다른 사람을 위해 일하라
다르게 일하라
일하지 말라

장은 여러분의 부모와의 관계나 파트너십에 대해 기억하지 못하고, 시대는 변해서 시장 시스템이나 상황이 빠르게 변하며 복잡해졌다. 독립에 대한 성급한 찬양이 커질수록 자신감으로 인한 위험도 커진다.

4

다른 사람을

위해

일하라

디자인 분야에서 프로페셔널로 일할 때 결정적인 열쇠는 동료, 상사 그리고 고객과의 성공적인 커뮤니케이션이다. 디자이너들은 고객이 무엇을 원하는지 이해할 수 있어야 하지만 그것이 늘 쉬운 것만은 아니다. 잘못된 문제는 모두 커뮤니케이션의 혼란에서 비롯된다. 심리학자들은 이러한 혼란을 해결할 수 있는 유용한 방법들을 전해주었다. 어떤 경우든 도움이 되는 것은 고객만족을 위한 철저한 연구이다. 다른 사람을 위해 일하면서 성공하고 싶은 사람은 이 부분에 신경 써야 한다.

(4.01) ─────── **비언어적인 커뮤니케이션**

커뮤니케이션의 역사는 말이 아닌 비언어적인 이해와 함께 시작되었다. 경제심리학자인 귄터 울리히Günther Ulich는 "표정, 제스처, 태도나 목소리는…… 말보다 더 값지다."라고 밝혔다. 이 비언어적인 커뮤니케이션은 다른 영장류나 그 밖의 고등 포유동물들과 원칙적으로 구별되는 점이다. 우리는 입을 전혀 열지 않더라도 신호를 전달할 수 있다. 커뮤니케이션은 말로 된, 즉 언어적인 내용의 작은 부분에 다른 것들이 합쳐져 이루어진다.

스테디셀러인『사회적 상호작용과 커뮤니케이션Soziale Interaktion und Kommunikation』의 저자이자 사회학자인 요셉 포가스Joseph Fogas는 "비언어적인 신호를 감지할 수 있는 능력 없이는 성공적인 사회적 상호작용은 불가능하다."라고 주장했다. 비언어적인 내용은 종종 감지하기 힘들 정도로 빠르게 전해지거나 느껴진다. 우리는 모르는 사람과 처음 만나 대화하기 전에 이미 그 사람에 대한 어떤 인상을 받게 된다. 옷차림이나 행동, 태도, 나이, 성별, 체취 등을 비롯해 이

언어 외적인 것

일상에서 창조적으로 일하라
제대로 일하라
혼자서 일하라
다른 사람을 위해 일하라 ——————— 비언어적인 커뮤니케이션 125
다르게 일하라
일하지 말라

전에 그 사람에 대해 우연히 들었던 이야기 같은 것들이 선입견을 만드는 것이다. 첫인상은 사람을 판단하는 데 아주 큰 영향을 미친다. 지하철에서 반대편에 앉아 있는 낯선 사람을 보면서 그 사람과 대화하고 싶은지, 아닌지를 무의식중에 결정하고, 말을 건넨다면 뭐라고 할지 미리 생각해보기도 한다. 하지만 비언어적인 커뮤니케이션은 언어적인 것보다 담아두기가 훨씬 어렵다. 약간의 훈련만 하면 우리는 사람들이 회의실이나 상사 앞에서 어떻게 보이는지, 그들이 우리를 지지해줄 사람인지 아닌지, 호의적인지 적대적인지를 예상할 수 있게 된다.

포가스는 "말하는 사람의 비언어적인 표현을 통해 자신의 의지와는 상관없는 태도나 감정, 의도가 나타난다."라고 밝혔다. 표정보다는 팔, 다리가 의식적으로 조절되기 힘들기 때문에 표정은 친절하고 침착하게 보이더라도 떨리는 손이나 발은 긴장감을 그대로 노출시킨다(상대가 거짓말을 하고 있는지 알고 싶다면 그의 손과 다리를 살펴보라). 비언어적인 커뮤니케이션이 어떤 힘을 가지고 있는지는 상호작용을 하면서 대화할 때 분명해진다. 미소를 짓거나 윙크를 함으로써 이전에 말했던 것들을 취소하는 것도 가능하다.

우리 자신에 대한 표현은 주로 비언어적인 커뮤니케이션에 달려 있다. 우리에게는 스스로에 대해 이야기하는 것이 금기시되고 있는데, 포가스는 "그럼에도 뭔가 의미 있는 신호를 줄 수 있어야 한다."라고 강조했다. 만약 여러분이 "나는 지적이고, 창의적이고, 자신감 넘치고, 호감을 주고, 아주 공정한 데다 멋진 구두를 신고 있습니다."라고 고객에게 말하면 눈살을 찌푸릴 것이 분명하다. 하지만 여러분은 이런 점을 표현하고 싶을 것이다. 외적인 모습이나 옷, 물

첫인상
/
자신에 대해 어떻게
호의적으로 소개할 것인가?

건 같은 것이 그 사람의 소속이나 지위를 보여주는 표면적인 특징이 된다. 자리에서 일어나 곧은 자세로 웃으면서 상대와 눈을 마주치고 환영의 몸짓을 하는 사람과 잡동사니로 뒤덮인 책상에 앉아서 손톱을 물어뜯으며 인사하는 사람 간의 차이는 분명하다.

노트북 케이스에서 맥북을 꺼내고, 막스빌Max Bill(독일 융한스사에서 나오는 명품 시계 라인-옮긴이) 시계를 찬 손목을 내보이며, 글씨 쓸 때는 꼭 라미2000(만년필 브랜드-옮긴이)이나 파버카스텔을 이용한다. 우리는 이러한 것들에 대해 직접적으로 말할 수도 없고 말해서도 안 되겠지만 상대에게 긍정적인 신호나 디자인에 대한 감각을 보여줄 수 있다. 그렇지 않으면 바로크 양식 교회가 그려진 이탈리아제 만년필로 글씨를 써보는 것은 어떨까? ADAC(독일과 유럽의 최대 자동차클럽대회-옮긴이) 로고가 그려진 노란색 플라스틱 볼펜으로 글씨를 쓰는 것도 비언어적인 신호를 보내는 것일 수 있다. 펜의 디자인은 상관없다. 구두나 시계, 문구용품, 옷차림을 보면 여러분의 전문 분야뿐만 아니라 목표나 입장도 짐작할 수 있다. 변호사는 절대 검은색 터틀넥을 입지 않으며, 디자이너는 회의실 책상 위에 시가처럼 두꺼운 몽블랑 만년필을 꺼내놓지 않는다.

우리가 입는 옷은 비언어적인 신호를 보내는 통로가 된다. 눈짓이나 표정, 자세, 목소리, 태도, 상대와의 거리를 통해 우리는 '누가 얼마나 오래 발언할지, 다음에 누가 발언권을 요청할지' 알 수 있게 된다. 말하고 있는 사람은 듣는 사람들이 보내는 비언어적인 신호에 주의를 기울여야 한다. 이를 통해 자신이 너무 길게 이야기하고 있는 것은 아닌지, 이해 가능하고 의미 있는 커뮤니케이션이 되고 있는지 판단할 수 있다.

스타일과 상징
/
눈빛

일상에서 창조적으로 일하라
제대로 일하라
혼자서 일하라
다른 사람을 위해 일하라 ──────────── 거리와 영역 유지하기   127
다르게 일하라
일하지 말라

포가스는 비언어적인 통로가 제어되어야 한다고 주장했다. 인간의 눈빛은 영향력이 매우 크다. 너무 오래 혹은 짧게 바라보거나 시선을 주지 않는 것은 모두 불쾌한 느낌을 줄 수 있다. 협력해야 하는 상황에서 상대를 너무 오래 바라보거나, 전혀 바라보지 않는 것은 경쟁이나 갈등 상황이라는 것을 보여준다.

반대로 눈을 자주 마주치는 것은 친밀함을 암시하는 것일 수도 있지만, 공격성의 표현일 수도 있다. 포가스는 "낯선 사람에게 너무 오래 시선을 주면 공격성의 표현으로 이해되기 쉽고 상대가 싸움을 시작하거나 도망가는 반응이 나타난다. 신호등을 기다리는 운전자에 대한 연구를 살펴보면, 모르는 사람이 자꾸 바라보면 운전에 능숙하지 않은 사람도 평상시보다 빨리 달리게 된다."라고 밝혔다.

(4.02) ──────────── **거리와 영역 유지하기**

비언어적인 커뮤니케이션 역시 공간과 거리를 다루는 방법에 속한다. 공간적으로 다른 사람들과 얼마나 멀리 혹은 가까이 있는지가 의미를 지니는 것이다. 우리는 친하고 믿을 만한 사람에게만 60cm 정도보다 더 가까이 다가오는 것을 허용한다. 대화 상대와 120cm 정도의 거리는 개인적인 영역을 의미한다. 이러한 자연스러운 거리에 아무런 감각이 없는 사람들도 있고, 그 거리를 무시함으로써 우리를 겁먹게 만드는 사람들도 있다. 또 적어도 3m 이상의 거리를 두고 모든 대화를 하는 사람도 있는데 냉정하고 신뢰할 수 없는 듯한 느낌을 준다.

신체적인 접촉의 모든 형태는 엄격하게 규제되어 있다. 포가스는 "누가, 어디에서, 어떻게, 언제, 누구에 의해, 누구와, 어느 부분은 허용되는지가 정확

적당한 거리

하게 정해져 있다."라고 말했다. 그리고 이 부분에 대해서는 문화적인 차이가 큰데, 독일에서는 대부분 예의 바른 행동으로 생각하는 악수도 영국에서는 조금 다른 의미를 가진다고 한다. 직업적인 관계에서는 신체적 접촉을 거의 하지 않는 것도 방법이다.

(4.03) ──────── **우두머리의 사무실**

한 무리의 사람들이 회의실로 들어오면 누가 어떤 자리를 선택하는지 살펴보자. 토론을 위한 좌석 배치는 기존의 협력관계와 서열관계를 보여준다. 일반적으로 직사각형 테이블에서 상석에 앉는 사람은 사장이다. 토론 상대는 최대한 사장과 멀리 떨어져 앉고, 그 사이에는 넓은 테이블이 자리 잡고 있다. 가까이에 앉을수록 커뮤니케이션과 협력은 증진된다. 직사각형 테이블보다는 원형이나 정사각형 테이블이 위화감을 덜 느끼게 한다.

영역에 대한 문제는 개인 사무실에서도 발견할 수 있다. 책상이 손님들을 위한 '공개적인' 부분과 책상 뒤의 '개인적인' 공간으로 나누는 것일까. 대화 상대가 조그마한 의자에 앉아 있는 동안 책상을 방패 삼아 커다란 사무실 의자에 앉아 있는 사람은 신뢰할 만한 사람은 아니다. 뻔뻔스럽게 영역 주장을 하는 고객에게 디자이너가 얼마나 순응해야만 시안이 결정될 수 있는 것일까.

각자의 사무실도 상황에 따라 영향을 미칠 수 있다. 불편한 만남인 경우 약속 장소를 조용한 카페 같은 중립적인 곳으로 정하는 것도 좋다. 원형 혹은 사각형의 테이블을 따라 똑같은 의자에 앉아 공개적인 토론을 진행하는 것이다. 여러분의 사무실은 여러분의 성격에 대한 뭔가를 말해준다. 커다란 사무

일상에서 창조적으로 일하라
제대로 일하라
혼자서 일하라
다른 사람을 위해 일하라 ———————————— 언어적인 커뮤니케이션   129
다르게 일하라
일하지 말라

실에는 식물이나 파티션, 평면 모니터, 카펫 등 개인적인 영역임을 표시해주는 다양한 물품들이 있다. 일터 밖의 세계는 가장 강한 수사슴이 호기심 가득한 눈으로 영역을 감시하는 캠핑장이거나 가족 유원지 혹은 타운하우스와 같다.

(4.04) ———————————— **언어적인 커뮤니케이션**

커뮤니케이션에서 언어적인 수단은 비언어적인 것보다 훨씬 강력하다. 확실한 방법이기는 하지만 더 느린 방법이기도 하다. 언어는 사실적이고 정확한 정보를 신뢰할 수 있게 해준다. 무엇보다 우리는 상황에 대한 지식을 바탕으로 대화할 수 있다. 일반적으로 사무실 안에서, 공개적인 관계 속에서 그리고 가족이나 친구, 연인과 구체적인 내용에 대한 커뮤니케이션을 하는 것이다. 그리고 우리는 다양한 장소에서, 다양한 목적을 위해 언어를 사용한다.

회사에서는 수영장에서와는 다른 시나리오를 따른다. 커뮤니케이션을 통해 더 많은 지식을 나눌수록 이해가 쉬워진다. 전문적인 '언어유희'를 이용하는 어떤 모임에서 조언할 때는 어떤 방식을 사용해야 할지 알아야 한다. 다양한 언어를 사용하는 사람들은 생각도 다양하게 하고, 결론적으로 세계도 다르게 바라본다.

한 그룹 안에서는 전문적인 언어 코드와 기준이 빠르게 만들어진다. 파티에서 디자이너와 회계사가 만났을 때, 의상만 다른 것이 아니라 간단한 대화도 서로 이해하기가 어렵다. 전문 분야의 개념에 대한 것만 그런 것이 아니다. 디자이너들에게는 바로 말을 놓는 것이 일반적이지만, 법률가나 의사들 사이에서는 낯선 현상일 것이다. 의학박사에게 편지를 쓸 때는 '안녕'이 아닌, '친애

언어의 역할

하는 ……박사님'이라고 시작해야 한다. 각 분야의 전문 잡지가 있기 때문에 몇몇 인쇄매체만 살펴봐도 그 차이를 금세 알 수 있을 것이다. 디자이너들을 위한 전문 잡지들은 시각적인 면에 치우쳐 있지만 다른 전문 분야에서는 각각의 논리에 따른 언어가 존재한다.

　디자이너들은 적어도 두 분야의 사람들과 성공적으로 의사소통을 해야 하기 때문에 언어적인 차이가 있다는 것을 아는 것이 중요하다. 많은 사람들이 디자인 분야는 고객이나 거래처 등 외부세계와의 상호작용이 아주 중요할 것으로 생각한다. 일반적으로 디자이너는 엔지니어, 예술가, 기술자, 음악가, 교육자, 상인, 의료인, 은행원, 경제학자……, 개인 사업자 혹은 그룹 관리자, 전형적인 혹은 비전형적인 조합의 대리인들까지 다양한 고객이나 거래처 없이는 아무것도 할 수 없다.

　고객들은 다른 세계에 살고 있는 사람들이고 다른 방식으로 의사소통을 한다. 이것은 다른 옷, 다른 행동, 다른 신분적 상징 등 비언어적으로 나타난다. 하지만 여러분은 숫자나 개념 그리고 시각적으로 다른 생각을 하며, 실질적으로 정치나 취향, 부차적인 덕목에 대한 견해를 가지고 있을 것이다. '훌륭한 작업'에 대해 고객들이 생각하는 것은 완전히 다를 수 있다. 말하자면 적은 비용으로 약점은 보완하면서 정확하고 뛰어난 표현을 하는 것에 대한 것이다. 창의성에 얼마나 많은 힘든 일들이 요구되고, 미디어 기술에 아이디어를 적용하는 것이 얼마나 까다로운 작업인지는 디자인 분야 밖에서는 제대로 알기 어렵다.

　여러분은 아무것도 공유하지 못하거나, 파티에서 단 2분도 대화할 소재를 가지지 못한 사람과 일해야 할 경우도 생긴다. 따라서 디자이너들은 이 '외계

동료들 사이의 언어
/
언어 코드 이해하기

일상에서 창조적으로 일하라
제대로 일하라
혼자서 일하라
다른 사람을 위해 일하라 ———————— 훌륭한 커뮤니케이션을 위한 도구   131
다르게 일하라
일하지 말라

인'이 우리에게 어떤 기대를 가지고 있는지 파악해야 한다. 계약을 성공적으로 완수하는 것은 커뮤니케이션적인 능력이다. 고객의 대화 코드를 이해하지 못하면 갈등이 발생하거나 커뮤니케이션이 중단된다.

디자이너들이 일만 아는 바보라고 생각하는 외부 견해도 좋지 않은 여건 중 하나이다. 다른 분야 사람들과의 대화에 참여하기 위해 일반교양에 대해 알아둘 필요도 있다. 디자이너로서 다른 분야에 있는 사람과 깊이 사귈 수 있으려면 디자이너들에게는 중요하지 않은 내용들도 이야기할 수 있어야 한다.

(4.05) ——————— 훌륭한 커뮤니케이션을 위한 도구

프리드만 슐츠 폰 툰은 커뮤니케이션에 대한 시간을 초월하는 모델을 제시했다. 무엇보다 '네 개의 귀 모델'은 아주 현실적이다. 그는 더 나은 커뮤니케이션을 위한 30여 년 전부터 시도되어온 방법을 소개했다. 서로 대화하는 기본 과정은 아주 간단하다. 발신자가 있고 메시지를 기호로 옮겨 전달한다. 수신자는 그 기호의 의미를 해석하고 이해한 뒤 발신자에게 피드백한다.

폰 툰은 전달된 내용에 대해 관심과 함께 다음과 같은 의문을 가졌다. "하나 혹은 여러 메시지가 동시에 많은 의미를 포함한다는 것에서 흥미로운 점을 발견했다. 이것은 우리가 발신자이자 수신자로서 해결할 수 없는 것이 있다는 기본적인 사실을 보여준다. 많은 의미를 담고 있는 패키지 같은 모든 메시지는 중간에서 중재하는 커뮤니케이션 과정인데, 복잡하고 예민하지만 흥미롭고 재미있기도 하다."

메시지는 네 면을 가진 사각형과 같다고 볼 수 있다.

함께 대화하기

1. 콘텐츠: 모든 메시지는 적절한 정보를 포함한다. "모든 것이 잘되고 있다."라든가 "신호등은 초록색이다." 같은 말을 한다면, 이야기를 듣는 사람은 여러분의 상황이나 신호등에 대한 것을 알게 된다.

2. 자기표현: 폰 툰은 "모든 메시지에 담긴 내용은 전달된 사실에 대한 정보만 담고 있는 것이 아니라, 말한 사람 개인에 대한 정보도 포함하고 있다."라고 말했다. 상대가 독일어를 쓴다는 것, 색맹이 아니라는 것 그리고 도로교통에 관심이 있다는 것을 알게 되는 것이다. 더 많은 것을 알아채기 위해 우리는 비언어적인 신호에도 관심을 가져야 한다.

3. 관계적인 면: 폰 툰은 "메시지를 통해 말하는 사람이나 듣는 사람이 어떤 생각을 하는지 알 수 있다. 메시지의 이러한 면은 종종 악센트나 음량, 상황 같은 비언어적인 부분을 설명해준다. 관계적인 면에서 듣는 사람은 특히 예민하게 들어야 한다. 왜냐하면 상대가 잘 들어주기만 해도 확실한 방법으로 해결 혹은 잘못 해결될 것으로 느껴지기 때문이다."라고 밝혔다. 우리는 다른 사람과 대화할 때마다 우리가 어떤 입장인지 비밀스럽게 정의 내린다. 하지만 말하는 사람과 듣는 사람의 관계에 대한 정의가 모순된다는 것을 알게 된다. 가까운 쪽(혹은 협력)에서는 제안하고, 다른 쪽(혹은 갈등)에서는 강조하면 커뮤니케이션은 이루어지지 않는다. 하지만 우리는 어떤 관계에 대한 정의가 상대를 수용하는지에 대해 잘 알지 못한다.

4. 이의 제기적인 면: 대부분의 메시지가 듣는 사람에게 영향을 주는 작용을 한다고만 말할 수는 없다. 메시지는 듣는 사람이 확실한

일상에서 창조적으로 일하라
제대로 일하라
혼자서 일하라
다른 사람을 위해 일하라 ──────── 훌륭한 커뮤니케이션을 위한 도구　　　133
다르게 일하라
일하지 말라

　　뭔가를 하거나, 생략하거나, 생각하거나, 느끼도록 유도한다.
　　여러분이 상대방에게 "왜 아직도 담배를 피우십니까?"라고 물을 때는
　　현실적인 이유에 별로 관심을 가지고 있지 않다는 의미이다.
　　이 질문에는 주장이 담겨 있다.

다음 그림은 상호간의 대화를 좀 더 쉽게 표현한 것이다.

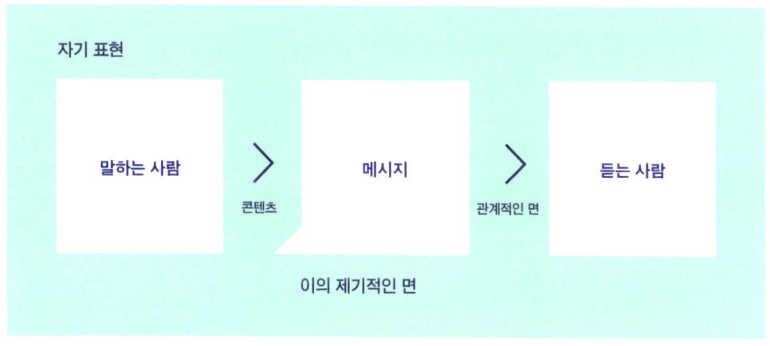

(슐츠 폰 툰Schulz von Thun, 1981)

모든 메시지는 네 가지 면을 다 가지고 있지만 몇 가지 추가할 점이 있다. 말하는 사람이 무엇을, 어떤 면에 대해 전하려고 하는지 듣는 사람에게 항상 제대로 알려지는 것은 아니다. 그리고 폰 툰은 "메시지를 듣는 사람은 원칙적으로 메시지의 어떤 면에 반응할 것인지 자유로운 선택을 한다."라고 말했다. 우리는 항상 네 개의 귀, 즉 사실적인 귀, 관계적인 귀, 이의를 제기하는 귀, 자기

듣는 사람의 책임

를 표현하는 귀로 듣는다. 사람들은 이제 듣는 습관을 확실히 변화시켜야 한다. 하나의 메시지는 패키지처럼 전달된다. 말한 사람이 전한 내용이 듣는 사람에게 다른 의미로 받아들여지기도 한다. 게다가 말한 사람은 사실적인 측면을 전달했지만 듣는 사람은 감각적으로 받아들일 수도 있다. 사실적인 메시지가 이의 제기로 이해되면서 선동하는 작용을 할 수도 있고, 관계적인 메시지가 사실적으로 들리거나 감정을 해칠 수도 있다. 어떤 표현은 말하는 사람이 사실 전달을 의도한 것이지만, 듣는 사람은 말하는 사람이 자신에 대해 이야기하는 것이라고 생각할 수도 있다.

메시지가 의도했던 것과 다르게 받아들여질 수 있다는 것은 상식에 속한다. 이는 말한 사람이나 듣는 사람의 무능함이나 나쁜 의도가 아닌 커뮤니케이션의 복잡한 특성 때문이다. 커뮤니케이션은 본질적으로 취약하다. 일반적으로 메시지를 받는 데 어떤 해가 있는지 '조용한 소식' 게임이 보여준다. 그 의도와 효과가 개인의 삶을 이끈다. 하지만 좋은 의도가 더 이상 좋은 의미가 되지 못할 수도 있다! 의도는 좋을 수 있지만 기대했던 결과가 나타나지 않을 수도 있는 것이다.

안타깝게도 우리의 상식은 우리가 이해하는 방식대로 메시지를 전달하는 경향이 있다. 혹은 우리가 생각하는 것을 다른 사람도 이해한다고 믿는다. 하지만 심리학자들은 "말하는 사람은 자신이 말한 것에 대한 책임이 있고, 듣는 사람은 자신이 들은 것에 대한 책임이 있다."라고 말한다. 의도와 효과는 '분리'되는 것이다. 파우스트의 반대편에 서 있던 메피스토가 이로 인한 고통을 받았는데, 그는 엄청난 힘의 일부분이고 항상 악이 되고자 했지만 선을 낳게 되었다.

내가 여러분을 제대로 이해하고 있나요?

일상에서 창조적으로 일하라
제대로 일하라
혼자서 일하라
다른 사람을 위해 일하라 ──────────── 무엇이 좋은 뉴스인가?　　　　　135
다르게 일하라
일하지 말라

(4.06) ──────────── **무엇이 좋은 뉴스인가?**

말로 전해진 문장과 메시지는 결코 중립적일 수 없다. 중요한 것은 누가 받아들이는가이다. 폰 툰은 '두 소재가 함께 나타난 것에 대한' 심리·화학적인 반응의 이미지로 설명했다. 전해진 메시지는 스스로 폭탄이 될 수는 없지만 듣는 사람이 다른 점과 함께 섞으면 폭발하게 된다. 듣는 사람이 아주 강한 확신을 가진 비판을 하면 기분과 자존심에 영향을 미치게 된다. 실수를 하면 상처를 입고, 심리·화학적인 반응으로 어떤 공격성이 나타나면서 폭발하게 된다. 똑같은 비판을 다른 심리적 배경을 가진 동료로부터도 받게 되면 마음이 상하지 않고 건설적인 반응을 할 수 있게 된다. 폰 툰은 소식을 듣는 사람의 심리적인 반응을 세 단계로 구분했다.

1. 인식하기: 상사가 이마를 찌푸리는 것을 보거나
    "로고 디자인은 언제 끝나지?"라는 말을 듣는다.
2. 해석하기: '그는 내가 마음에 들지 않나 봐.' 혹은 '내가 너무
    게으른가 봐.' 등 비언어적인 커뮤니케이션을 평가하고 생각한다.
3. 느끼기: 생각이 느낌을 낳는다. 여러분은 좌절하거나
    실망하게 된다.

메시지를 듣는 것은 무의식적으로 전해지는 위의 '듣는 사람의 세 단계의 조합'이다. 눈을 똑바로 뜨고, 듣는 사람의 입장에서 이 같은 과정을 잘 살펴야 한다. 절대 말하는 사람이 의도하는 것이 아니다. 로고 디자인이 완성되었을 때

객관적인 질문을 받을 수 있는데, 그 질문에 눈살을 찌푸린다면 아무도 여러분과 함께 일하려고 하지 않을 것이다. 현실에 대한 점검 없이 어떤 의도로 다른 사람과 커뮤니케이션을 하는지 제대로 알기는 힘들다. 그러므로 우리는 듣는 사람으로서 메시지에 대한 해석을 할 줄 알아야 한다. 분노와 좌절에 휩싸이기 전에 먼저 확실히 해야 할 것이 있다. 인간에게 생각을 읽는 능력은 아주 잘못 형성되었다! 듣는 사람이 해석하는 것이지 말하는 사람이 하는 것은 아니다.

폰 툰은 우리가 메시지를 해석하는 것을 환상이라고 불렀는데, 이것은 '적용되거나, 적용되지 않았을 수도 있기' 때문이다. 개인적인 문제와 관련된 경고나 부정적인 의미가 숨겨진 메시지가 있다고 가정해보자. 언제 디자인이 끝나는지 질문하는 것 혹은 눈살을 찌푸리는 것에 대해 다양한 해석을 할 수 있다. 이 질문을 통해 여러분은 로고 디자인 작업을 서둘렀고 결국 끝낼 수 있었다. 이것이 바로 상사가 유도하고자 한 방향이었다. 오늘 여러분은 집에 빨리 가고 싶지만, 상사의 말을 듣고는 그럴 수 없었다. 잘못된 해석에 근거해 행동을 변화시켰다면 여러분의 주변 환경은 다른 방식으로 답했을 것이다.

성공적인 커뮤니케이션이란 말한 사람의 의도에 대해 우리가 어떤 생각을 하고 어떻게 처리할 것인지 대화를 통해 계속 시도해보는 것이다. 폰 툰은 "내 환상이 적용될지는 다른 사람이 결정하는 것이다. 나는 그 사람의 내면세계에 대한 전문가는 아니기 때문에 그가 '정말로' 어떻게 느끼고, '정말로' 무엇을 하고 싶은지는 알 수가 없다."라며 성공적인 커뮤니케이션을 위한 기본 원칙에 대해 이야기했다. 그럼에도 메시지를 듣는 사람은 자신의 반응에 책임이 있다. 툰은 '너-말하기'보다 '나-말하기'가 커뮤니케이션을 더 쉽게 만들어준다고 추천했다. "너는 냉정해!"라는 말은 "내가 무시당하는 느낌이 들어."라는

필요한 조건
/
오해
/
너로부터 나에게

일상에서 창조적으로 일하라
제대로 일하라
혼자서 일하라
다른 사람을 위해 일하라 ──────────────── 이해를 위한 기본 규칙   137
다르게 일하라
일하지 말라

말보다 상대를 더 화나게 할 것이다. 그리고 업무 과정에서 중심이 되어야 할 것은 객관적인 내용이다.

(4.07) ───────────── **이해를 위한 기본 규칙**

프레젠테이션 혹은 회의 때마다 여러분은 사실적인 측면을 전해야 할 책임이 있다. 여러분이 발표하는 내용이 상대방에게 전해지는 비율을 높이기 위해서는 몇 가지 규칙이 필요하다. 모든 소식에는 앞에서 이야기한 네 가지 측면만 있는 게 아니라 시각적인 혹은 언어적인 포장이 필요하기도 하다. 프레젠테이션 뒤에 숨겨지는 경향이 있음에도 언어는 사실적인 부분을 위한 주요 전달자로 남아 있다. 텍스트에서 겉으로 보이는 것은 여러분의 입에서 나오는 문장인 것이다.

권터 울리히가 쓴 것처럼 정보의 전달은 '수신자가 내보내는 신호와 발신자가 받아들이는 신호가 동시에 일치하는 것'이다. 그는 얼마나 쉽게 오해가 생길 수 있는지를 다음과 같은 단순한 예를 들어 설명했다. 북부 독일에 있는 한 회사의 인사 담당자가 한 직원에 대한 추천서에 '에너지가 넘치고 활기차다.'라는 의미에서 'vital(영어에서와 마찬가지로 '긴급한' '치명적인'이라는 의미도 있지만 '생명력이 넘치는 사람'이라는 뜻도 있다.-옮긴이)'이라는 표현을 썼다. 그 추천서를 받은 남부 독일의 한 인사 담당자는 이 신중한 표현을 통해 지원자가 여자들이 쫓아다니는 치명적인 매력의 소유자라고 생각하게 된다. 이렇듯 독일어 언어권에는 비슷한 용어인 것 같지만 다른 의미를 가지는 말들이 있다.

디자이너들도 외부에서는 이해하기 힘들거나 오해하기 쉬운 전문 용어들

지역적인 차이
/
사무용 언어

을 많이 사용한다. 디자이너들은 영어식 표현을 그렇게 많이 쓰지 않지만, 다른 분야에서는 이상하다고 생각되거나 이해하기 힘든 영어식 표현들이 사용된다. 일반적인 작업 과정에서 외래어를 사용하는 것은 트렌디해 보이기 위해서가 아니라 그 대화에 참여하는 사람들에게 자신이 하는 말을 제대로 전달했는지 확인하고 싶기 때문일 수 있다. 어떤 기획안은 다른 사람의 시선을 집중하게 하고, 또 어떤 기획안은 단순한 낙서가 되어버리는지에 대한 것은 여전히 의문으로 남아 있다.

많은 영어식 표현이 독일어에서는 적합한 말을 찾기 힘든 경우도 있다. 영어권에는 올드타이머oldtimer('고참'이라는 의미로 저자는 영어권에는 없는 단어라고 했지만, 영어에서도 '고참'이라는 의미이다.-옮긴이)라는 말도, 핸디스handys(우리나라의 휴대전화라는 말처럼, 영어에서 나온 말이지만 영어 그대로가 아닌 독일식으로 변형되어 쓰이는 표현이다.-옮긴이)라는 말도 없다.

하지만 다행스럽게도 엔지니어이자 경제학자인 볼프 울리히 크롭Wolf Ull-rich Cropp이 트렌드에 맞는 외국어 사전을 저술한 덕분에 그 사전에서 독일어에 맞는 외국어를 찾을 수 있다. 인기 있는 동료가 있다면 '퍼스나 그라타Persona Grata(스페인어로 '평판이 좋은 사람' 혹은 '주재국의 승인을 받은 외교관'을 의미한다.-옮긴이)'라고 간단하게 표현하면 된다. 이 사전은 이해받고 싶어 하는 사람들에게 추천할 만하다.

권터 울리히는 이해를 위한 기본적인 원칙을 정했다. 여러분의 언어는 간단해야 하고, 복잡하면 안 된다. 가장 단순한 것이 이해하기 힘들 수도 있다. 여러분이 전하려고 하는 정보를 듣는 사람을 위한 것이라고 포장해야만 한다. 얼마나

동료들 간의 언어

일상에서 창조적으로 일하라
제대로 일하라
혼자서 일하라
다른 사람을 위해 일하라 —————————— 이해를 위한 기본 규칙   139
다르게 일하라
일하지 말라

진지하게, 어떤 배경을 가진 자료를, 어떤 기술적인 디테일을 가지고 전달할지는 누가 듣고 있는지에 의해 크게 좌우된다. 그렇다고 간단하다고 해서 정보가 누락되어도 된다는 것은 아니다. 하지만 선별을 해야 한다. 짧은 문장과 이해할 수 있는 용어를 사용해야 하며 어떤 전문 용어가 듣는 사람에게는 생소할 수 있는지 생각해봐야 할 것이다.

'2도'로 브로슈어를 만든다고 이야기하면, 보통은 검은색과 하얀색의 두 가지 색을 이용한 것이라고 생각할 것이다. 부모님이나 형제들에게 '마젠타' '4C' 혹은 'jpg파일' 'tif파일' 'pdf데이터'가 무슨 뜻인지 아느냐고 물어보라. 고객은 여러분이 알고 있는 모든 것을 자신의 필요에 맞게 적용시키기 위해 여러분과 상담하는 것이다.

혼란을 막기 위해서는 엄청난 양의 정보를 구분해야만 한다. 프레젠테이션을 할 때는 듣고 있는 사람이 기대하는 것에 대한 짧은 개요부터 시작하도록 한다. 포트폴리오는 네 장을 넘지 않는 것이, 각 장의 텍스트는 네 줄을 넘지 않는 것이 좋다. 또 내용을 받아들일 수 있는 능력이 제한되는 목표 그룹에 따라 차별화해야 한다. 비논리적이고 긴 텍스트나 프레젠테이션은 우리에게 아무것도 남기지 못한 채 사라진다.

권터 울리히는 회의할 때처럼 구두로 커뮤니케이션을 하거나, 문서상으로 커뮤니케이션을 할 때도 '간결하고 짧게' 하기를 권했다. 장황한 표현은 피해야 한다. 그러기 위해서는 집중하고 분명한 핵심 내용이 있어야 한다. 자신이 무엇을 말하고 싶은지 잘 알지 못하면, 여러분은 아무것도 제대로 말하지 못하게 된다. 지그문트 프로이트Sigmund Freud는 불명확하거나 잘못된 텍스트는 언어적으로 손실을 가져온다고 저술한 적이 있다. 내면적이고 심리적인 장애가 밖으로 표출된 것이다.

짧은 것이 빠른 것을 의미하는 것은 아니다. 볼테르 Voltaire**는 자신에게 시간이 부족하면 글을 길게 쓰게 된다고 말했다. 즉 짧고 명확한 표현은 노력이 많이 필요하다는 것이다.** 하지만 모든 것은 값어치를 한다. 여러분이 가능한 한 빨리 이메일에 답하는 것은 그리 중요한 일이 아니다. 그보다는 요구 사항이 무엇인지 정확하게 이해하고, 이메일을 보낸 사람이 알고 싶어 하는 것을 확실하게 해결해주는 것이 중요하다. 빠르지만 부정확하고 오류가 있는 답변은 오히려 시간이 더 걸리게 만든다. 결국 여러분은 다시 연락을 받게 된다. 일하다 보면 이메일 하나에 세 개의 문의를 하는 일도 생긴다. 답은 빨리 받았지만 한 문제만 해결되었고, 하나는 확실하지 않고, 나머지 하나는 전혀 해결되지 않았다. 왜 이렇게 시간을 낭비하는가.

예시나 그림은 이해를 도와준다. 평범한 요소를 이해하기 쉽게 해주는 것이다. 노르버트 프랑크Norbert Franck는 자신의 저서 『프로페셔널처럼 글쓰기Schreiben wie ein Profi』에서 언어적인 이미지는 일관되고 적절해야 한다고 경고했다. 환상적인 글을 쓰고 싶은데 난관에 부딪치면 『두덴』 2권 '관용구 편'에 나오는 '상처 위에는 풀이 돋지 않는다.' '중요한 점을 말해서는 안 된다.' 등의 예문에서 도움을 받을 수 있다.

일상에서 창조적으로 일하라
제대로 일하라
혼자서 일하라
다른 사람을 위해 일하라 ——————— 직무 수행과 고객만족   141
다르게 일하라
일하지 말라

(4.08) ——————————— **직무 수행과 고객만족**

고객은 아주 신경질적일 때도 있다. 안타깝게도 독일의 많은 공무원들은 이 나라가 서비스의 황무지라는 것을 공개적으로 보여준다. 우리는 슈퍼마켓 혹은 빵가게를 비롯해 콜센터, 은행, 법원, 옷가게, 레스토랑, 카페 등에서의 불친절한 커뮤니케이션에 익숙하다. 심지어 그곳에서 일하는 사람들은 우리가 지불하는 돈으로 먹고사는 것일 텐데도 마치 우리가 부탁하는 사람처럼 느끼게 하곤 한다. 불행히도 계좌를 개설하러 가는 은행이나 차를 고치러 가는 카센터 같은 곳에서는 도저히 방법이 없어 그들의 횡포를 견뎌야만 한다.

    그런데 디자이너들은 더 힘이 든다. 정치나 교육 문제 등에 대해서도 전문지식 없이 경쟁적으로 대화해야 하고, 함께 일할 수 있다고 믿는다. 유해한 아동 게임 사이트를 '디자인하는 것'은 자신의 판단으로 할 수 있는 것이 아니다. 전문가 도움 없이 일을 해내고 나면 자신만의 상투적인 생각에 빠져들게 된다. 이는 내용뿐 아니라 겉모양에 대한 문제이기도 하다. 컴퓨터나 스캐너, 프린터를 잘 다룬다는 것은 디자인 분야에서 전문성이 증가한다는 것이다. 전문적인 디자인 분야의 작업의 질과 고객만족도는 다른 분야보다 의미가 높다.

    이런 의미에서 고객만족이 더욱 중요해진다. 만약 여러분이 휴대전화로 연락하는 것을 더 선호하고, 슬리퍼를 신고 미팅에 지각하더라도 작업한 것이 고객의 요구와 완전히 부합되기만 한다면, 고객은 돈을 지불하고 일을 시키는 사람에서 부탁하는 사람으로 바뀌게 될 것이다. 부담 없이 집에서 웹사이트를 만들고 그래픽 작업을 하거나 일러스트를 그리는 전산학 전공 학생들이 강력한 경쟁자가 되는 이유가 바로 이것이다. 게다가 그들은 훨씬 적은 돈을 받는다.

고객 지향적인

142

(4.09) ──────────── **기대가 배려를 낳는다**

사회학자 토비아스 그라이테마이어Tobias Greitemeyer는 예전에 고객을 만나본 적이 있거나 함께 대화를 해본 것이 '주관적인 가정'을 만들기 때문에 기대를 가지고 일을 시작하게 된다고 썼다. 이러한 기대가 어떤 인상을 남기는지는 무척 주관적이고 다양하다. 개인적인 필요와 과거의 경험을 소문으로 들은 것은 강한 효과를 낳는다. 평판은 피할 수도 없고 직접 관리하기도 어렵다. 입으로 전해지는 추천에 대해서는 영향을 미칠 수 없다. 좋은 평판을 들으면 여러분 스스로에 대해 지속적으로 개발할 수 있다. 일반적으로 현실에서 기대대로 이루어지는지 결과가 나온다는 게 문제이다. 무엇보다 우리가 인식하는 것이 무엇인지가 그 기대를 결정한다.

고객의 기대는 처음부터 정확하게 파악해야 하고 필요하다면 수정해야 한다. 실망과 갈등을 피하기 위해서는 시작부터 이렇게 '분노'가 구체적으로 일어나야 한다. 가능성과 한계를 모두 확실히 해야 한다. 기대는 심리적으로 예상하지 못했던 힘을 가지게 된다. 심리학자들이 이 현상에 대해 이름 지은 것처럼 기대에 부응하는 판단을 해야 한다. 또 일상생활에서 스스로를 보여준다. 우리는 종종 우리의 정치적인 의견(우리가 찬성하는 의견)을 표현해주는 신문을 읽는데, 그 언론매체가 기대에 맞게 선별해서 보도하는 것으로 믿는다. 몇 번의 연방의회 선거에서 '독립적인' 연구기관의 예측을 통해 이런 효과가 얼마나 나타날 수 있을지 보여주었다. 보수 정당들은 보수적인 신문에서 놀랍게도 훨씬 나은 예측을 들었다. 심지어 정확한 수학적 통계에 따라 고객의 기대는 영향을 받는다.

기대에 대한 대처

일상에서 창조적으로 일하라
제대로 일하라
혼자서 일하라
다른 사람을 위해 일하라 ——————— 잠재적인 혹은 명백한 만족?   143
다르게 일하라
일하지 말라

(4.10) ——————— **잠재적인 혹은 명백한 만족?**

고객이 여러분에게 기대하고 있는 것은 무엇일까? 그들이 여러분의 업무 능력
에 만족했는지, 아닌지는 기대와 여러분의 능력 사이의 직간접적인 비교에 따
라 달라진다. 이것은 하나의 객관적인 과정이다. 제안서는 어떤 업무에 대해
어느 정도를 지불할지를 보여준다. 확실히 만족스러운 계약은 심리학적인 관
점에서는 관심 밖에 있다.

하지만 아직 다른 것도 있다. 고객만족은 제품에 직접 관련된 면으로만 결
정되는 것은 아니다. 완성된 광고는 마음에 들었고 원했던 효과가 나타났지만
광고주에게는 불만이 남아 있을 수 있다. 이 부분에서 잠재적인 고객만족도라
는 것이 작용한다. 수년간의 관계와 좋았던 경험이 고객으로 하여금 만족스럽
지 못한 결과에 대해서도 관대하게 해준다.

반면에 여러분이 자신의 문제를 잘 해결할 능력을 가지고 있다면 그의 기
대치는 더 높아질 수 있다. 그는 자신이 참여하고 있고 보고를 잘 받고 있다고
느낄 때 더 만족한다. 신뢰와 투명성은 잠재적인 만족도에 큰 영향을 미친다
(호감을 가진 사람에게는 그렇지 않은 사람보다 훨씬 더 관대하다).

경제심리학자 안톤 마이어Anton Meyer와 로날드 칸츠베르거Ronald Kants-berger
는 일반적으로 실적만 요구하는 것과 열정만 요구하는 것을 구별했다. 우리는
주문했던 것을 받으면 '단지' 만족한다. 하지만 카푸치노잔 옆에 맛있는 초콜
릿봉봉을 놓고 있을 때 갑자기 간단한 간식을 서비스받거나, 이탈리아식 식사
를 마친 뒤 아베르나(시칠리아에서 생산되는 이탈리아의 전통주로, 보통 식후에 마신다.
-옮긴이)가 나오면 정말 기분이 좋아진다(일반적으로 독일적이지 않은 레시피로). 여

인식하지 못했던 기대
/
기대 이상으로

기에도 심리학적인 현상이 작용하는데 첫인상과 마지막 인상이 평균 이상의 영향을 끼친다. 마이어와 칸츠베르거는 능력뿐 아니라 만들어진 인상도 동기 부여에 영향을 미친다고 말했다. 여러분 자신이 능력에 대해 덜 만족하게 되면 긍정적인 면이 추가되더라도 그리 좋은 결과를 낳지는 못한다.

그러므로 독일 지하철에서 약속 시간에 늦는 고객을 기다리고 있다면 커피나 맥주 한 잔 하면서 시간을 보내는 게 더 의미 있다. 고객만족도는 다시금 고객의 충성도를 높이고, 그 덕택에 고객이 가격에도 덜 민감하며, 기꺼이 '추가적인 주문'을 하게 될 것이다.

(4.11) ──────── 조금만 참아주시겠어요?

플랫폼, 공항, 우체국에서 줄을 서서 기다리다 보면 까다로워 보이는 사람들이 자주 눈에 띈다. 그런 사람들은 기다리는 시간 내내 화만 내는 것처럼 보인다. 이렇게 대기 시간 때문에 분노하는 감정 역시 심리학적으로 아주 흥미로운 현상이다. 노동심리학자 프리드만 네르딩거Fridmann Nerdinger는 "서비스의 가장 큰 문제는 기다리게 하는 것이다."라고 말했다. 이는 여러분이 고객을 위해 어떤 방식으로 일하는지가 아니라, 언제 일하는지에 대한 것으로 볼 수 있다.

보통 첫 미팅은 직접적인 만남으로 이루어지고 그다음에는 전화나 Skype, 팩스, 이메일, 우편 등을 이용한다. 커뮤니케이션에서 중요한 비언어적인 부분이 누락되는 것이다. 보통 고객은 텍스트와 이미지를 보내는데, 이를 위해 약속을 잡지만 종종 대수롭지 않게 여겨지기도 한다. 하지만 고객의 인식은 아주 중요하다. 여러분은 언제 답을 하는가? 기다리는 시간과 고객만족도 사이에는

고객에 대한 친밀도와 만족도
/
대기 시간

일상에서 창조적으로 일하라
제대로 일하라
혼자서 일하라
다른 사람을 위해 일하라 ——————————— 조금만 참아주시겠어요?   145
다르게 일하라
일하지 말라

부정적인 관계가 성립한다. 고객이 언제 제안서를 받게 되는지의 문제는 훨씬 늦게 도착한 다른 제안서들보다 크게 유리하지는 않을 것이다. 시간에 대한 주관적인 평가는 객관적으로 일이 진행되는 과정보다 덜 중요하다.

하지만 시간에 대한 주관적인 인식은 조절이 가능하다. 네르딩거가 저술한 것처럼 인간에게 기다림의 과정은 모두 길게만 느껴진다. 회사에서는 첫 문의와 마지막 답변 사이에 소요되는 시간이 갈등을 유발하기도 한다. 기다리는 시간은 더 길게 느껴지지만 이틀 정도의 같은 시간도 일을 진행하는 과정에서는 더 짧게 여겨진다. 짧은 몇 분의 시간도 기차역에서 기다릴 때와 기차를 타고 있을 때 간에는 큰 차이가 있다고 생각된다.

에이전시에 처음 이메일을 보낸 사람이 이틀이 지나도록 답을 받지 못했다면, 어떤 생각을 하겠는가. 첫 접촉에서는 이런 의혹을 시험해볼 여유가 없다. 뒤늦게 마지못해 전화를 걸어 왜 기다려야 하는지 묻는다. 첫 만남 후에는 심리적으로 우세한 첫인상이 좌우하겠지만, 커뮤니케이션이 중단되면 부정적인 인상만 남는다. 문의에 대한 행동을 준비할 새도 없이 우리는 잠재적인 고객의 기분을 상하게 할지도 모른다. 이것은 기다리는 시간을 기피하기 때문에 생기는 부정적인 결과이다.

고객에게 알려주자! 휴무를 알리는 어시스턴트나 기계를 이용해 언제 답을 줄 수 있는지, 왜 지금 응답할 수가 없는지 알려주는 것이 중요하다. 불명확하고 미심쩍은 기다림의 시간은 기한을 알게 될 때보다 훨씬 길게 느껴진다. 일단 경험하고 나면 이런 예외적인 경우에 대해 이해가 된다. 우리가 불확실한 행동을 하고 기다리는 기간을 예측하기 힘들게 되면 부정적인 생각이 생긴다. 정보를 전달받지 못한 사람은 뒤처진 느낌을 받는다. 일이 많아 힘든 상황이어

피드백 해주기

도, 고객에게 당장 처리하지 못하는 이유나 언제 약속을 잡을 수 있을지에 대한 간단한 이메일을 보내는 것을 잊으면 안 된다. 기다리게 한 데 대한 이유를 전할 때는 유머를 포기하면 안 된다. 네르딩거는 "불공정한 대기 기간은 공정할 때보다 훨씬 오래 걸린다."라고 말했다. 만약 여러분이 수영장 선베드에 누워 있느라 견적이 늦어지는 것이라면 고객은 상황을 받아들일 수 없을 것이다. 물론 유급휴가에 대한 논의가 없었기 때문이다.

하지만 여러분이 미리 이에 대해 알렸다면 대신 일할 사람을 찾을 수도 있었을 것이다. 고객이 기다리는 동안 여러분이 최선을 다하고 있다는 것만 알게 되어도 만족도는 높아진다. 기다리는 시간도 예의와 평등한 대우만 동반된다면 고객만족도에 긍정적인 영향을 미칠 수 있다.

(4.12) ──────── 좋은 매너?

산업화 이전의 시대에는 사람을 사귈 때 스타일이 좋으면 존중받았다. 오늘날에는 만연된 물질주의로 액세서리, 옷, 차, 가구 등에서 스타일의 중요성은 더 커지게 되었다. 제품의 디자인은 일상적인 디자인보다 사회적인 상호작용 면에서 훨씬 앞선다. 따라서 우선 인간에게 속한 모든 사물들을 살펴보아야 한다.

기업가이자 세계주의자인 에티오피아의 아스파 보센 아세라테Asfa Wossen Asserate 왕자는 유명한 자신의 저서 『매너Manieren』에서 "사람들이 어떻게 인사하고, 어떻게 자신의 의사를 전달하고, 어떤 옷을 입고, 어떻게 먹고, 어떻게 손님을 대접하고, 어떻게 결혼하고, 어떻게 죽는지에 대한 구속력이 있는 규칙이 독일에는 더 이상 없다."라고 밝혔다. 그럼에도 매너와는 다른 에티켓에 대

일상에서 창조적으로 일하라

제대로 일하라

혼자서 일하라

다른 사람을 위해 일하라 ─────────── 좋은 매너?   147

다르게 일하라

일하지 말라

한 관심은 아주 커서, 에티켓 강좌나 강사들이 쏟아지고 있다. 독일의 계몽주의 철학자인 아돌프 프라이헤어 폰 크니게Adolph Freiherr von Knigge는 이 부분에 대해 잘못 이해하고 있었다. 그의 주요 저서『1788년의 인간과의 관계에 대하여Über den Umgang mit Menschen von 1788』는 말이나 행동에 대한 것이 아니라 예의와 범절에 대해 다루고 있다. 그의 후손인 모리츠 프라이헤어 폰 크니게Moritz Freiherr von Knigge는 자신의 책『게임의 법칙, 우리는 어떻게 인간관계를 해야 하는가Spielregeln, Wie Wir Miteinander Umgehen Sollten』에서 매너의 문제에 집중해 그 실현을 시도했다.

여러분은 에티켓에 대해 별다른 생각을 한 적이 없었을 것이 분명하다. 오늘날 아스파라거스를 나이프로 잘라도 되는 것인지는 직업적인 미래와는 상관이 없다. "건강하세요"라고 말한다고 해서 앞에 있는 사람이 정말 병에 안 걸리는 것은 아니다.

태초부터 철학적인 문제였을 공손함과 예의는 오늘날 점점 더 중요해지고 있다. 서비스 사회에서는 사회적인 능력이 요구된다. 디지털 미디어와 노동의 새로운 형태는 사생활의 한계를 벗어난다. 동시에 공공연하게 예의에 대한 것이 과소평가되고 있다. 휴대전화 같은 수단을 통해 사적인 부분이 공개되고 있다. 이것은 단지 개인에 대한 문제가 아니고 사회적인 추세에 대한 문제이다. 사회학자 리처드 세네트Richard Sennet는 이것을 '친밀함의 폭정'이라고 불렀다.

오늘날 우리는 직업적으로 엄청나게 많은 상호관계를 맺으면서 산다. 동시에 더 큰 사회적 자유가 따른다. 사람들은 직업적으로 옆에서 나란히 지내지만 아주 다양하고 예전보다 훨씬 더 개인적이다. 예절은 필요한 거리를 유지하고 관대함을 지키도록 도와준다. 여러분이 신앙을 가지고 있는지, 무신론

매너
/
개인적인 단계

자인지, 정치적 견해나 미학적인 기호가 어떤지에 대한 것은 회의 테이블에서는 상관없는 일이다. 자칫하면 이것 때문에 사람들이 사실과 다른 생각과 느낌을 가지게 될 수도 있다. 각자의 생각이 일치하기 시작하면 모든 것은 빨리 진행된다. 심오하고 주관적인 문제에 대해 마무리하는 동의를 구해야 하는 흔치 않은 이유가 여기에 있다.

실제로 매너는 성공적인 커뮤니케이션을 위한 실제적인 철학을 제공한다. 매너는 서로 관여하고 싶어 하는 다양한 인간들 사이의 자유로운 공간을 확보해준다. 매너를 지키는 사람은 무엇보다 다른 사람(자기 자신은 아니다!)을 편하게 만든다. 그리고 모두의 이익을 위해! 에티켓에 대한 간단한 규칙으로 인간적 상호작용의 복잡성을 판단하는 것은 쉽지 않다.

아세라테는 "매너는 시스템도 아니고, 논리적으로 추론할 수도 없고, 정확하게 고치는 것도 피해야 한다."라고 말했다. 그는 호의를 다른 사람에 대한 친절로 정의하며, 불교 승려로부터 영감을 받은 후 유심(有心: 마음이나 정신적인 것이 만물의 근원이며 실재하는 중심적인 것이라는 생각-옮긴이)을 재발견하게 되었다. 그래서 현재의 상황에 집중하려는 시도를 단순하게 표현하려고 했다. 함께 일하는 사람처럼 다른 사람에게 호의를 가지는 것은 안타깝지만 당연한 일은 아니다. 많은 사람들이 휴대전화에 정신이 팔려 있거나 이미 마음이 다음 약속 장소에 가 있기도 하다. 하지만 그렇다고 그 사람들에게 우리가 부주의하게 행동하는 게 당연한 것일까. 매너는 서비스에 대한 심오한 양식을 포함하고 있다. 겉으로만 미사여구를 늘어놓는 판매기술은 쇠퇴해야만 한다.

유심

일상에서 창조적으로 일하라
제대로 일하라
혼자서 일하라
다른 사람을 위해 일하라 ──────── 적당한 옷?
다르게 일하라
일하지 말라

149

(4.13) ──────────── **적당한 옷?**

안타깝게도 독일은 여성들의 역할이나 교육제도, 아우토반의 광기 어린 질주에 대해서는 보수적이다. 또 생활 방식이나 옷에 대해서는 진보적이고 비형식적이다. 디자이너들은 이런 좋지 않은 상황에서 중요한 역할을 맡지 못하고 있다. 미적인 것과 관련된 직업을 가진 사람들은 옷에 관심을 보인다. 옷은 유용할 뿐만 아니라 실용적이다. 이미 원시인들도 가죽을 씨족사회 내부의 지위를 나타내는 중요한 사회적 용도로 사용했다.

문예학자 거트루트 레네르트Gertrud Lehnert는 자신의 책 『유행에 대한 속성 과정Schnellkurs Mode』에서 "의복이 시작된 때도 사치나 실용적이지 않은 목적이 있었다."라고 밝혔다. 사회 초년생들에게 옷은 단순히 입기만 하는 것이 아니라 유일하게 자신을 표현할 수 있는 수단이다.

옷은 모든 상황에 맞는 훌륭한 예의를 근거로 선택해야 한다. 이는 창의적으로 옷을 입을 가능성이 크지 않다는 것을 의미한다. 자신의 취향이나 습관이 아니라 상황에 맞는 각본을 생각해보고 이에 따라 옷을 입어야 한다. 상사나 동료, 고객들이 어떤 옷을 입는지 파악하면 평균치를 알 수 있을 것이다.

물론 어떤 옷을 입어야 할지는 스스로 결정할 일이다. 상황에 맞춰 옷을 입는 데 신경 쓰는 동시에 활동하기에도 편한 것을 선택해야 한다. 태어나서 처음으로 넥타이를 매게 되어 숨이 막히거나 하이힐을 신고 다섯 발자국도 걸을 수 없는 사람은 일단 넥타이나 하이힐을 포기해야 할 것이다.

비언어적인 커뮤니케이션 수단으로서의 옷

여성들이 성적인 부분을 노골적으로 드러내는 옷을 입는 것도 조심해야 한다. 성적인 부분을 전략적으로 이용하는 것을 여성들만 반대하는 것은 아니다. 그리고 어떤 옷을 입는 것이 적당한지에 대해 해석하는 것은 세대, 문화, 비즈니스적인 문제와 관련된다. 오늘날의 유행은 역사적인 관점에서 봤을 때 아주 젊다. 미니스커트를 둘러싼 논쟁은 1980년대까지 시끄러웠다. 하지만 몇몇 여대생이나 여학생뿐 아니라 젊은 남자들도 반바지에 맨발을 드러내고 벌거벗은 것이나 다름없는 모습으로 다닌다. 옷은 매너에 대한 규칙을 따라야 하고 편안함도 만들어낼 수 있어야 한다.

다르게
일하라

___

5

154

(5.01) ──────── **동기부여를 위한 칭찬과 비난**

어린아이들은 혼자서 할 수 있는 게 별로 없는데도 모든 것을 스스로 하고 싶어 한다. 처음으로 혼자 신발 끈을 묶게 되면 좋아하며 자신감에 가득 찬다. 성인들 역시 도전이 필요한 상황에서 아이들과 비슷한 모습을 보인다. 심리학자인 팔코 라인베르크Falko Rheinberg는 "충분히 해낼 수 있을 것이라는 기대를 받으면 나중에 실행해야 할 시점이 되었을 때 아주 적절하게 행동하게 된다."라고 말했다.

많은 사람들이 사회생활에서 자신의 장점과 능력을 발휘할 기회를 찾으려 한다. 일하고자 하는 의욕을 느끼기 위해서는 자신에게 설명할 수 있는 기준이 충분해야만 한다. 운동을 하는 사람은 달린 거리와 시간을 측정하고 지난번보다 빨라졌는지 확인해보면서 즐거움을 느낀다. 처음 마라톤을 시작한 사람은 '일단' 목표에 도달하려고 한다. 하지만 그다음에는 자신의 기록을 단축시키고 싶어 한다.

이렇게 동기를 만들어가는 데는 노력과 기준이 필요하다. 복잡한 눈금이 숨겨져 있는 이런 기준은 일의 세계에도 존재한다. 어떤 사람들은 급여 정도로도 '좋은 기분'을 느낄 수 있지만, 창의적인 일을 하는 대부분의 사람들에게는 급여가 일의 동기부여에 그리 중요한 요소가 되지는 못한다. 기본적으로 디자인 분야에서 품질과 성능은 미학적인 득점 시스템처럼 명확하게 적용된다. 심리학자들은 동기부여의 관점에서 뜻밖의 것을 발견했다. 득점 시스템으로 획득한 점수를 어디에 쓸지에 대한 것은 동기부여에 아무런 역할을 하지 못한다는 것이다.

능력 측정하기

일상에서 창조적으로 일하라
제대로 일하라
혼자서 일하라
다른 사람을 위해 일하라
다르게 일하라 ──────────── 동기부여를 위한 칭찬과 비난　　　　155
일하지 말라

우리는 종종 좋은 기분을 느끼기 위해 전력을 다하고 성공을 얻기 위해 싸운다. 사람들은 성공했다는 느낌에 중독되는 경향이 있다. 라인베르크는 "시간이 부족하다고 만성적으로 화내면서도 책상 앞에 앉아 가위나 주머니칼로 고장난 시곗줄을 고치고 있는 고임금 관리자를 보면 알 수 있다. 그럴 게 아니라 30분 정도만 근무해도 아주 멋진 새 시곗줄을 살 급여를 받을 수 있을 텐데 말이다. 하지만 그는 그렇게 하지 않는다. 그는 경제적인 관점이 아니라 자신이 스스로 무엇을 할 수 있는지를 보고자 한다."라고 설명했다. 성과를 높이기 위한 동기부여는 영웅적인 행위뿐 아니라 손해가 되는 일에 대해서도 책임이 있다.

심리학적인 면 외에도 비정상적인 사회활동에 대한 기준이 존재한다. 단순히 일만 하는 차원을 넘어 과로를 해도, 심지어 손실을 보게 돼도 많이 일할수록 더 많은 칭찬을 받는다. 친구들이나 부모에게 일을 너무 많이 한다고 불만을 터뜨리면 "할 일이 있다는 것을 감사하게 생각해야지!"라는 말을 듣기도 한다.
　실업이나 과로로 인한 건강 악화가 과소평가되는 경향이 있다. 노동조합이나 정치가들이 우리를 착취로부터 보호해줄 수도 있겠지만 먼저 스스로 자신을 보호할 수 있어야 한다. 한편 창의적인 분야에서는 문제가 하나 있는데, 이 분야의 산업이 아직은 오래되지 않았고 전통이 없기 때문에 우리를 보호해줄 노동조합 같은 장치가 많지 않다는 것이다. 사회학자인 야콥 슈렝크Jakob Schrenk가 자신의 책『자기 혹사의 기술Kunst der Selbstausbeutung』에서 쓴 것처럼 제한도 없고 능력에 대한 기준도 명확하지 않은 환경에서 일하게 되면 스스로에 대한 혹사가 심해지게 된다.
　잡지를 보면, 자신을 '워커홀릭'이라고 하면서 자랑스러워하는 기사들이

성공의 경험

이어지는 것을 발견할 수 있다. 매스미디어가 과로는 멋진 것이라는 잘못된 인식을 심어주는 경향이 있다. 이 같은 인식은 직장이 단지 우리의 능력을 경험하는 곳일 뿐 아니라 성공을 이루고 스스로를 개발하는 장소라는 것을 보여준다. 옳지 않은 방식으로 일하는 사람(혹은 그렇게 일해야만 하는 사람)은 지속적인 행복을 잃고 스스로 병들게 된다.

(5.02) ─────── **일상의 스트레스와 업무 실행 능력**

에리히 케스트너Erich Kästner가 저술한 것처럼 삶은 늘 위험하다. 스트레스 없이 사는 사람은 지구상에 존재하지 않을 것이다. 단기적인 스트레스는 정상적이고, 심각하게 걱정할 것도 아니며, 치명적이지도 않다. 우리는 평생에 걸쳐 변화하는 삶의 환경에 적응해야 하고 이 과정은 꽤 힘겹다. 모든 과로나 목 결림, 두통이 사회생활이 견디기 힘들다는 것을, 심장마비가 걸릴 확률이 높다는 것을 보여주는 것도 아니다. '스트레스가 아주 심하다.'라는 표현이 너무 자주 사용되는 경향이 있기는 하지만 수시로 느끼는 좌절이 무조건 우울증으로 이어지지 않는 것처럼 스트레스가 곧바로 피로로 이어지는 것은 아니다.

　창의적인 성과를 내기 위해서는 철저한 긴장이 꼭 필요하다. 시험이나 중요한 약속에 앞서 긴장을 조금도 느끼지 않는 사람은 일상에서 자신의 능력을 제대로 발휘하지 못한다. 의료인들은 생산적이고 건강한 형태의 스트레스를 건전한 스트레스라고 부른다. 건전한 스트레스는 생명력, 낙관론, 만족도, 높은 집중력을 통해 알아볼 수 있다. 긍정적인 스트레스는 효율성을 높인다. 노동심리학자인 노베르트 제머Nobert Semmer와 이봐스 우드리스Ivars Udris는 "근육이 우

신체적인 스트레스

일상에서 창조적으로 일하라
제대로 일하라
혼자서 일하라
다른 사람을 위해 일하라
다르게 일하라 ————————————— 몸과 마음에 위협이 되는 스트레스　　　157
일하지 말라

리 몸을 구축하듯이 스트레스는 정신적인 역할을 구축하며, 따라서 스트레스가 없는 상황에서는 실행 능력을 잃어버리게 된다."라고 설명했다.

　긍정적인 스트레스를 생산적인 긴장감으로 발전시키기 위해서는 스스로에 대해 잘 파악하고 있어야 한다. 목표를 분명히 하고 지속적으로 최고의 실력을 유지할 수 있도록 도와주어야 하는 것이다. 긴장감이 휴식 시간까지 이어지면 다시 에너지를 충전해야 한다. 자신의 상태를 제대로 판단할 수 있는 사람은 너무 빠르게 달리려고도, 너무 멀리 가려고도 하지 않는다. 완벽하게 상황을 통제하고 싶다면 다음 페이지는 불필요할 것이다. 하지만 안타깝게도 부정적인 스트레스의 영향으로 심각한 질병이 증가하고 있다.

(5.03) ———————————— **몸과 마음에 위협이 되는 스트레스**

스트레스는 양면의 얼굴을 하고 있다. 실제로 일은 외부에서 오는 스트레스이다. 심한 소음이나 오염된 공기, 굶주림이나 무더위 같은 외부적인 조건으로부터 생기는 부담이 스트레스가 되는 경우가 있다. 이렇게 외부에서 오는 스트레스를 의학적인 스트레스라고 부른다. 업무에 대한 과도한 부담, 다른 사람에 의해 정해지거나 제한된 기회, 시간적인 압박감, 사람들 사이의 갈등, 일자리의 불확실성, 외부의 지원 부족, 빠르게 변하는 조건과 기대, 멀티태스킹, 이메일이나 전화로 인한 지속적인 업무 방해 같은 스트레스도 있다. 노동심리학자들은 이들 스트레스에 대한 개인적인 반응을 과부하라고 부른다. 사람들이 어떤 스트레스를 받는지는 각자의 다양한 상황에 달려 있다.

　건강한 사람은 병든 사람과 다른 반응을 보일 것이고, 배고픈 사람, 피곤

동기를 만들어주는 긴장
/
스트레스의 발견

한 사람, 얼마 전 3주간의 휴가에서 돌아온 사람도 각각 다른 반응을 보일 것이다. 환자를 간호하는 것도 스트레스가 될 수 있겠지만 적당한 훈련을 받은 사람에게는 이것 또한 일상적인 업무일 수 있다. 우리가 연습이 되어 있든, 아니든 부담에 대한 조언을 받을 수 있을지의 여부에 상관없이 스트레스가 되기는 할 것이다.

어떻게 '스트레스를 받게 되는지'는 10km를 걸을 때 어떤 운동화를 신고 있고, 외부 온도는 어떤지가 완주의 여부를 결정하지 못하는 것과 같이 불명확하다. 아이들과 놀아주거나, 이에 대한 과도한 의무감도 스트레스가 될 수 있다. 이런 비슷한 것들이 업무적인 스트레스에도 적용된다. 이런 이유로 사회생활의 경력은 높은 부담으로 연결되는데 일상생활과 경험에는 실수가 있기 때문이다.

제머와 우드리스는 스트레스에 대해 '인식 방식과 해석 방식'이 핵심적인 역할로 작용해야 한다고 말했다. 우리가 업무를 두려워하거나, 부담으로 느끼거나, 동기부여가 되는 도전으로 여길지의 여부는 작업과 관련되지 않는다. 스트레스가 우리를 힘들게 만드는 심리적인 결정적 요인은 통제에 대한 느낌이다. 만약 늘 뒤처지거나 뒤치다꺼리를 하는 상황에서 스스로를 희생자로 느끼게 되면 상황에 대한 통제권을 잃어버리게 된다.

미국의 유명한 스트레스억제클리닉의 설립자이자 의사인 존 카밧 친John Kabat Zinn은 이에 대해 "스트레스를 경험하든 혹은 경험하지 않든 그것을 어떻게 해석하고, 해결하는지가 중요하다."라고 말했다.

이것은 스트레스 때문에 힘들기 시작하면 자신의 업무를 바라보는 관점을

스트레스 해석

일상에서 창조적으로 일하라
제대로 일하라
혼자서 일하라
다른 사람을 위해 일하라
다르게 일하라 ──────────────── 몸과 마음에 위험이 되는 스트레스   159
일하지 말라

바꾸어야 한다는 것을 의미한다. 또한 그는 "상황을 다른 관점에서 볼 때만 통찰력을 잃지 않을 수 있다."라고 덧붙였다.

상황을 해석하는 데는 우리가 판단하는 조건이 중요하다. 그리고 스트레스가 많은 상황에서는 너무 조급하고 편협한 가치 인식이 있을 수 있다. 전체적인 작업에 영향력을 미칠 수 없기 때문에 기분이 상하는가. 완벽주의나 이상주의가 가치 인식을 왜곡하는가. 현실적인 가능성을 기준으로 삼는가. 여러분의 분노가 불만으로 변하는가. 업무나 동료, 고객에 대한 기대가 상대적인가.

이에 대해서는 이미 앞에서 설명했다. 하지만 매일 스트레스를 받으면서도 몰입하는 사람은 힘들어하지 않는다. 업무를 관리하는 것은 전략을 재량껏 세울 수 있는지의 여부와 결정적으로 관련된다. 업무마다 해결책 혹은 전략을 찾아내는 사람에게는 부정적인 스트레스가 적다. 여기에서 낙관론은 조연이 아니다. 뭐든지 할 수 있다고 생각하는 사람은 동기부여도 받고, 스트레스에도 강하다.

제머와 우드리스는 근거가 있다면 부담을 극복하기가 더 쉽다고 이야기했다. 여러분의 직위나 급여, 자격이 업무와 적합한가. 그렇지 않다면 '부당하다'라는 스트레스를 받으면서 더 많은 부당한 요구를 받게 된다. 주말은 물론 결혼식이나 중요한 일이 있을 때도 일할 수는 있지만 아무도 이 점에 대해 불평하거나 스트레스 때문에 무너지지도 않는다. 하지만 보너스도 없고 상사나 동료로부터 인정받지도 못하면서 토요일마다 일하는 것 때문에 느껴지는 부담은 큰 영향을 미친다. 많은 직장인들이 급여 삭감을 통해 회사를 구할 수 있다고 생각한다면 이를 받아들이거나 모든 것을 포기하기도 한다.

스트레스의 가치 인식
/
스트레스의 원인이 되는 부당함

하지만 사장이 새 스포츠카를 몰고 가는 것을 보면서 불합리하다는 생각을 하게 된다. 이 업무가 합리적인 근거가 있는지의 여부가 사무실 안에서 논의될 필요가 있다. 연수생이나 신입사원들은 도전이나 부당한 요구로 느껴지는 것들을 묵시적으로 포기하지는 못할 것이다. 건설적으로 스트레스를 해결하는 것은 회사 경영의 주요 관심사가 되어야 한다. 그렇지 않으면 이익이 되지 못한다. 지치고 병든 직원은 창의적이지도 생산적이지도 않다.

과도한 요구의 숨겨진 이유는 불명확하게 역할을 결정하는 것이다. 역할이라는 것은 한 사람에 대한 기대가 정해진 것이다. 트레이너, 그래픽 전문가, 광고 디자이너, 예술감독, 어시스턴트, 수행원, 고객 각각에게 맞게 안정적으로 행동하게 도와주는 '행동 지시'가 있는 '시나리오'가 암암리에 존재한다. 우리는 딸이나 아들, 학생, 엄마나 아버지, 슈퍼마켓의 고객이나 이웃으로서도 방향을 정하는 역할을 어떻게 할지에 대해 지속적이고 새롭게 결정해야 한다.

　일반적으로 우리는 이러한 역할을 하면서 성장하고 그 안에서 새로운 행동을 한다. 지난 50년 동안 많은 역할들이 불명확하고 심지어 모순적으로 변했다. 엄마의 역할을 보면 가장 극단적인 면을 볼 수 있다. '집에 있는 엄마'는 오늘날 소시민적인 주부의 많은 역할 중에서 유행에 뒤진 것으로 입증되었다. 동시에 독일에서 일하는 혹은 일해야 하는 엄마는 '직업을 가진 여성'으로서도 비난받는다. 안타깝게도 현대 여성을 위한 시나리오는 아직 실행되지도 못했다. 정신과 의사 다그마르 루반들Dagmar Ruwandl은 "여성들의 역할에 대한 기대가 증가하면서 여성에 대해 새롭게 등장한 롤모델이 아주 다양하다."라고 말했다.

　하지만 남자들도 마찬가지이다. 터프한 남자들의 시대는 이미 지나갔지

일상에서 창조적으로 일하라
제대로 일하라
혼자서 일하라
다른 사람을 위해 일하라
다르게 일하라 ———————————— 벽에 머리를 대고   161
일하지 말라

만, 그렇다고 부드러운 남자들이 크게 요구되는 것도 아니다. 이런 모순되는 시나리오가 큰 심리적 스트레스를 유발한다. 오늘날 진정으로 '남자다운 것'은 무엇일까.

사회생활에서, 특히 창의적인 분야에서는 역할이 확실하게 정해지기 힘들다. 수평적인 혹은 잘못된 위계질서는 누가, 무엇을 책임질 것인지에 대해서는 설명해주지 않는다. 심지어 중요하지 않은 권한도 시간과 노력이 필요하다는 것을 매번 누군가와 의논해야 한다.

회사 상황이 좋지 않을 때 누구나 심지어 사장조차도 제대로 일하지 못했다고 여겨지면 다시 일해야 한다. 많은 사람들이 그 쉽지 않은 상황이 해결되고 나서야 일에 대해 이야기하면서 웃게 된다. 좋은 사례는 아니겠지만, 일이 잘못될 수도 있다. 아마 그 중간 과정이 더 의미가 있을 것이다. 최소한 현실적인 역할은 조정되어야 한다. 그렇지 않으면 누가 전화를 받거나 우편물을 챙길지, 커피를 준비할 것인지 매일 새롭게 결정되어야 한다. 업무에 대한 확실한 범위를 함께 의논해 결정하게 되면 모두의 부담이 덜어진다. 역할 정하는 것을 포기하면 부담이 커질 뿐만 아니라 갈등도 유발하게 된다. 그렇게 되면 모두가 함께 따르는 시나리오에 대한 은밀한 기대가 어긋나게 될 것이다.

(5.04) ———————— **벽에 머리를 대고**

시스템 이론가 디르크 배커Dirk Baecker는 질병을 일으키는 스트레스에 대한 비정상적이지만 타당성 있는 정의를 내놓았다. 막중한 업무나 엄청난 문제가 스

스트레스의 원인이 되는 역할의 한계

트레스를 주는 게 아니다. 문제가 있지만 그것을 인정하지 않는 사람들이 스트
레스를 받는 것이다. 그리고 스트레스는 당장 해결할 수 없다는 것을 알고 있
는 문제를 당장 해결하고자 하는 엄청난 욕망이다. 인간은 고삐를 놓지 않는다.
그리고 더 많은 스트레스를 받을수록 스트레스를 대비하고 해소할 수 있는 방
법으로부터 멀어진다. 단 두 번, 처음 알아차렸을 때와 완전히 무너졌을 때만
출구가 눈에 띄는 악마의 수레바퀴이다.

(5.05) ———— 인간의 신체가 스트레스에 보이는 반응

스트레스는 피할 수 없다. 변하는 요구에 신체가 적응하면서 스트레스가 나타
나는 것이다. 이러한 평범한 과정에 파괴적인 행동을 하게 되면 건강에 문제
가 생긴다. 스트레스를 초기에 알아차리기 위해서는 스트레스에 반응하는 내
부 과정을 이해하는 것이 도움이 된다. 우리의 뇌는 위기 대응 프로그램을 가
지고 있는데, 위험이 발생하면 싸우거나 도망가는 실행을 하도록 명령을 내린
다. 그러면 심신의 모든 기관이 격렬하게 그 위기 상황에 반응하게 된다. 스트
레스호르몬이 분비되고, 동공이 커지며, 근육에 에너지를 준비시키기 위해 심
장박동수가 빨라지고, 혈압도 상승한다. 소화기 계통으로의 혈액 공급이 중지
되기 때문에 위에 자극이 느껴지기도 한다. 단기적으로는 피곤이나 고통, 질병
증상들이 억제되기도 한다.

　역사적으로 보면 인간들은 이 같은 점 덕분에 외부의 위협에 빠르게 대응
할 수 있었다. 오늘날의 사회생활에서는 야생동물을 만날 일도 거의 없다. 카
밧 친이 저술한 것처럼 우리가 스트레스라고 부르는 부담의 많은 부분이 우리

악마의 수레바퀴 같은 스트레스
/
신체적인 위기 프로그램으로서의 스트레스
/
스트레스는 머릿속에서 발생한다

일상에서 창조적으로 일하라
제대로 일하라
혼자서 일하라
다른 사람을 위해 일하라
다르게 일하라 ──────────────── 인간의 신체가   163
일하지 말라   스트레스에 보이는 반응

삶이 아니라 사회적인 모습을 중요하게 생각하면서 생기는 위기 인식에서 발생하는 것이다. 많은 것들이 단지 우리의 상상 속에서만 존재하는 것들이다.

하지만 업무에 대한 부담은 싸우거나 도망가는 반응을 작동시키려고 한다. 이에 대해 카밧 친은 "도망을 가서도 안 되고, 싸워도 안 되기 때문에 극도로 흥분하고 불안한 생각과 느낌으로 화를 일으킬 수 있는 스트레스호르몬이 사용되지 않은 채 우리 몸에 남아 있다."라고 밝혔다. 실제 생활과는 반대로 작용하는 위협이나 이완, 회복을 만드는 에너지는 저절로 생기지 않는다. 스트레스 반응은 내면으로 이동한다.

보통 장기적인 스트레스는 근육 뭉침, 혈압 상승, 심장박동수 증가, 소화불량, 만성 두통, 허리 통증, 수면 장애, 과잉 각성 등 건강에 장애를 가져온다. 이런 신체적인 증상은 다시 추가적인 스트레스를 야기한다. 신체의 단기적인 위기 대처 프로그램은 만성화되고 이것은 질병으로 이어진다.

스트레스 – 나?

스트레스에 파괴적으로 대처하는 것이 확산되어 있다. 여기에는 업무가 균등하지 않게 배분되는 사회적인 이유도 있다. 일하는 사람이 적을수록 일은 더 많아진다. 동시에 수많은 실업자들이 일할 가능성이 증가한다. 두 가지 문제 모두 건강에 치명적인 결과가 생긴다. 구조적인 문제에 대한 답은 종종 화학적인 본성에 따른다. 알코올은 불안을 완화하고 휴식을 제공하며, 카페인은 수면 부족을 견디게 해주고, 니코틴과 설탕 제품은 신진대사에 영향을 미친다. 모든 가벼운 통증에 대해 자유롭게 구할 수 있는 약들이 준비되어 있다. 이런 약이 스트레스가 심각한 질병에 이르게 되어 우리를 무너지게 할 때까지 스트레스

다양한 신체적 증상
/
스트레스의 거부

에 대한 문제를 유예시킨다.

　　스트레스를 관리하는 방법은 문제를 부정하는 것이 일반적이다. 앞에 열거된 증상들이 나타나 경고를 보내면 마사지를 받거나 두통약을 먹는 정도로도 되지만 증상이 만성화된다면 일단 주의를 기울여야 한다. 아마 여러분의 몸은 여러분이 생각하는 것과 반대되는 것을 보여줄 것이다. 스트레스에 대한 내성이 약하다는 의미는 아니다. 하지만 스트레스를 피하기만 해서는 부정적인 결과를 낳게 된다.

카밧 친은 일에 열정을 쏟는 것도 현실적인 문제를 회피하는 방법으로 보았다. 항상 일만 하는 사람은 다른 것을 위한 시간을 낼 수 없다. 자신에게는 그렇지 않지만, 많은 사람들이 보기에 이 상태는 문제가 없는 듯 여겨진다. 또 일은 핑계거리가 될 수 있다. 일을 과도하게 하거나 중단하는 것은 무의미한 노력이 되게 한다. 두 가지 방법 모두 단기적으로는 효과가 있겠지만, 장기적으로는 스트레스를 시한폭탄으로 만드는 것과 같다.

(5.06) ──────────── 스트레스를 건설적으로 다루기

컨트롤이 안 되는 기분은 스트레스를 병적인 수준으로 심각하게 만든다. 마음속에서 무의식적으로 맞서 싸우기 혹은 포기하기 반응이 급격히 진행된다. 하지만 우리는 그 과정에 영향을 미칠 수 있다. 카밧 친은 고의적인 스트레스의 반응에 대해 이야기했는데, 이는 내부통제를 다시 장악하는 것에 대한 문제이다.

일에 전념

일상에서 창조적으로 일하라
제대로 일하라
혼자서 일하라
다른 사람을 위해 일하라
다르게 일하라 ─────────── 스트레스를 건설적으로 다루기   165
일하지 말라

이를 위해 가장 간단한 방법은 신체의 중요한 기능을 이용하는 것인데, 그중 호흡이 있다. 스트레스는 호흡을 가라앉히기도 하고, 빠르게 하기도 하며 이 과정에서 스트레스가 진정되기도 한다. 카밧 친은 "호흡, 특히 복식호흡은 무엇인가를 가라앉힌다. 호흡하는 데 아주 짧은 시간만 집중해도 안정감이 생기고, 이를 통해 자극받은 우리의 생각과 느낌의 표면을 깊은 편안함과 자유로 제어할 수 있다."라고 설명했다.

　　스트레스를 일찍 알아차리고 제어하는 데는 명상이나 집중 훈련, 긴장 완화 훈련 등을 통해 호흡에 집중하는 것도 도움이 된다. 규칙적으로 이런 기술을 연습하게 되면 업무 중에도 호흡에 집중할 수 있고 이를 통해 스트레스가 생기는 것을 막을 수 있는, 아주 진지한 보너스도 따라온다. 자신에게서 약간 떨어져 여러분이 화가 난 상황을 바라볼 수 있게 되며 상황으로부터 거리를 확보할 수 있는 것이다. 이런 과정을 실행하는 사람은 분노를 지나쳐갈 수도 있고, 그 분노의 희생자도 되지 않는다. 제머와 우드리스는 "어떤 상황에 대한 다른 사람의 평가 때문에 스트레스가 발생한다."라고 말했다. 그리고 주관적인 평가는 변칙을 만든다.

　　'여러분은 다양한 상황에 신경을 쓰면서 스스로 변할 수 있다.'

　　이 말은 그럴듯하게 들릴 것이다. 하지만 이 과정을 한 번이라도 제대로 해보면 일상에는 별 도움이 안 된다는 것을 알게 된다. 만성적인 스트레스에 노출된 사람은 규칙적인 연습을 하는 것에 거부감을 느낄 수도 있다. 상황에 대해 다르게 해석하기 위해서는 스스로부터 거리를 둘 필요가 있다. 그걸 배우기 위해서는 확실한 우회로가 필요하다. 집중력을 위한 강한 통제력이 필요한데, 이 과정을 통해 스트레스를 받으면서도 변화시킬 수 있게 된다.

거리 확보하기
/
내려놓기 배우기

그런 능력을 만들기 위해서는 요가나 태극권, 불교적이거나 기독교적인 명상, 마음의 평화를 가져오는 명상을 추천한다. 전통을 따르는 스승들에게는 신체와 정신, 영혼을 다루는 것에 대한 수백 년간의 경험이 축적되어 있다. 그만두거나 계속 믿기 전에 한 번이라도 제대로 경험해봐야 한다. 계속할지에 대한 판단을 하기까지 8주 정도 시간을 두는 것이 좋다. 하지만 대부분의 경우 이미 많은 변화가 있었기 때문에 중도 포기의 비율은 높지 않다.

존 카밧 친 스트레스클리닉에서는 요가나 명상 시간에 참여하겠다는 환자나 보호자들의 약속을 지키기 위해 최선을 다한다. 그곳 전문의들은 다시 건강해지기 위해서는 근본적인 변화가 필요하다는 것을 알고 있다. 동양적인 방식이 명상이나 세련된 자기계발서보다 훨씬 도움이 되며 무조건 전문적인 지시를 따라야 한다. 문화센터 같은 사회 재교육 시장에서는 수많은 허풍쟁이들이 터무니없는 거짓말을 하면서 다른 사람의 어려움을 이용해 돈을 번다.

대학에서 주최하는 스트레스 세미나 같은 강의에도 관심을 가져보자. 적어도 그 강사들은 교육학이나 심리학 혹은 의학 관련 자격증을 가지고 있을 것이다. 요가 강사는 불교나 기독교 계통의 명상과 관련된 협회 회원인지 확인하기 바란다. 오랜 목회 생활을 한 사제나 수년간 승려로 수도해온 스승과 함께해야만 그 신비주의에 빠지지 않을 수 있다. 스트레스나 긴장을 지속적으로 관리하는 것은 짧은 시간에 배울 수 있는 것이 아니다. 그러기 위해서는 근본적으로 여러분의 행동과 인식이 변해야 한다. 실력 위주의 사회에서 안타깝게도 중요한 것은 다음과 같다.

'스트레스는 금세 사라지지 않는다. 중요한 것은 그 스트레스를 어떻게 다룰지 배우는 것이다.'

트레이너 찾기

일상에서 창조적으로 일하라
제대로 일하라
혼자서 일하라
다른 사람을 위해 일하라
다르게 일하라 ———————————— 함께 몰락하기: 신경쇠약　　　　167
일하지 말라

(5.07) ———————— **함께 몰락하기: 신경쇠약**

전문 저널리스트 자비네 호클링Sabine Hockling과 옌스 핀다이젠Jens Findeisen은
"일상생활과 직업에 대한 스트레스와 부담에 대해 불만을 터뜨리는 것은 이
제 관례가 되었다."라고 말했다. 그리고 나면 신체적 위기가 만성화된다. 심리
적인 견해에서 볼 때, 병적인 업무 형태는 이상행동이기도 하고 행동 장애이
기도 하다. 보통 우리는 통상적인 기준을 넘어서면 이를 아주 간단하게 알아
차리게 된다. 기준을 초과하는 이상행동은 아주 쉽게 알아차릴 수 있다. 씻지
도 않고, 집 안은 쓰레기로 가득 차고, 아이들은 방치한 채 더 이상 일하러 가
기도 싫어진다.

　　하지만 기준을 초과한 행동 장애는 알아차리기 쉽지 않다. 하루에 열 번 이
상 씻고, 매시간 집을 청소하고, 아이를 과하게 챙기면서 일주일에 70시간 이
상 일하는 사람은 깨끗하고, 신중하고, 최선을 다하거나 부지런한 사람보다 훨
씬 더 치명적이다. 그는 아주 심각한 방해를 받는다.

　　실력 위주의 사회에서는 일이 중요한 의미를 가지기 때문에 병적인 작업
형태로부터 우리를 지키기가 힘들다. 배터리가 방전된 것은 쉽게 숨길 수 있
다. 약, 커피, 니코틴, 알코올은 문화적으로 인정되는 기호품이고, 다른 목적을
위해 이런 기호품을 소모하는 사람들도 눈에 띈다. 커피나 약을 남용하는 것
은 눈에 띄지도 않는다. 피곤에 찌든 사람들에게 사회적 환경은 더 이상 건전
하지만은 않기 때문에 하찮게 취급되는 잘못된 형태의 업무를 지지하기도 하
고, 돈이 우선인 사람은 초과근무의 스트레스보다 대단한 성공과 높은 수입을
올리는 것이 중요하다. 명성에 신경 쓰느라 혹은 마감 스트레스 때문에 초과

근무를 하기도 한다.

단 하나의 한계가 존재한다. 바로 신체의 구조이다. 스트레스가 계속되면 극도로 피곤해지며 이는 만성화된다. 핀다이젠과 호클링은 "적어도 6개월 이상 피로가 지속되면 감정적으로나 신체적으로, 심리적으로 탈진에 이르게 된다."라고 밝혔다. 배터리만 방전되는 게 아니라 사람의 몸도 과로로 고장이 나서 더 이상 충전되지 않는 상태가 된다. 극단적인 탈진 상태는 종종 좌절, 고립, 공포, 우울증으로 이어진다. 일반적인 휴가만으로는 상황이 개선되지 못한다. 과로는 우울증과 비슷한 개념이지만 일상 속에서 흔하게 사용되는 말이다 보니 하찮게 여기게 된다는 것이다.

(5.08) ─────────── **예감과 증상**

신체는 과로를 알리기 위해 두통 등의 통증, 손 떨림, 긴장과 집중력 장애에서 말더듬까지 많은 신호를 보낸다. 만성적인 과로는 수많은 심리적 증세를 동반한다. 신체적인 문제가 없는데도 면역 시스템과 귀 기관의 약화(청각 장애), 수면 문제, 심장과 호흡 장애, 맥박과 혈압 상승, 위궤양, 만성적인 소화불량, 성적인 문제, 식사 장애, 알코올 중독이나 쇼핑 중독 의심 등의 증상이 나타난다면 과로의 징후일 수 있다. 증세에 따라 처방되는 약을 통해 이 모든 증상들이 당분간 진정될 수는 있다. 하지만 원인을 찾아야 한다. 핀다이젠과 호클링은 "문제의 뿌리를 찾아야지 싸워서는 안 된다."라고 밝혔다.

신호 인식하기

일상에서 창조적으로 일하라
제대로 일하라
혼자서 일하라
다른 사람을 위해 일하라
다르게 일하라 ———————————— 실패로 가는 길 169
일하지 말라

(5.09) ——————— **실패로 가는 길**

많은 저자들이 과로의 단계 모델에 대한 글을 썼다. 스위스의 심리학자이자 변호사 루스 엔츨러 덴츨러Ruth Enzler Denzler는 "병적인 행복과 과로의 시작점에 서 있다. 우리는 높은 동기부여를 받고 일을 시작한다. 눈에 띄는 것은 긴 근무 시간이 아니라 가능한 한 많이 혹은 혼자서 모든 것을 해결하려고 헌신하는 것이다."라고 말했다.

주변 사람들은 즉각적으로 반응한다. 우리는 더 많은 일을 넘겨받게 되고, 동료들의 일은 줄어들게 되고, 상사들은 우리의 헌신을 칭찬하지만 모두가 이러한 상황에 금세 익숙해진다. 덴츨러가 저술한 것처럼 스스로를 '바위에 부딪치는 파도'나 '세상을 구한 구세주'로 여기고, 자신에 대한 기대에 어긋나지 않기 위해 끊임없이 노력해야 한다고 믿게 된다. 다시 평상시로 돌아간다는 것은 인정받고 있던 것을 잃어버리는 것을 의미하지만, 여러분은 실망하지 않고 약점을 보이게 될 것이다.

이 첫 단계에서 이미 사생활의 문제가 시작된다. 처음에는 가족의 양해를 구하고 점점 더 오래, 점점 더 자주 사무실에 머물게 되고 나중에는 연락도 하지 않게 된다. 일에서 행복을 느끼는 단계에서는 사생활도 일을 방해하는 한 요인으로 여겨지기 시작한다.

이제 두 번째 단계가 되면 냉정해진다. 덴츨러는 "엄청난 칭찬이 중단된다. 기대하고 있던 칭찬이 더 이상 흘러넘치지 않는다."라고 말했다. 갑자기 의심이 생긴다. 다른 사람들은 그냥 지나치는 것들을 자신은 너무 많이 하고 있다는

초과근무로 인한 혼란

생각이 든다. 다른 사람들이 제시간에 집에 가는 것을 보면 화가 난다. 이것은 사무적이면서 사회적으로 첫 갈등이다. 동기부여는 중단되었고 여러분은 반응을 보여야 한다. 그런데 어떻게? 더 많은 일을 함으로써! 여러분은 자신의 기대에 충족하지 못했다고 생각한다. 하지만 그 기대가 어떤 것인지는 자신도 명쾌하게 알고 있지 못하다. 불만이 생긴다. 일로부터 거리를 두고, 맹목적이었던 헌신도 자제한다. 반응은 오래지 않아 나타난다.

세 번째 단계에서 점점 동료들과 상사들은 여러분의 적이 된다. 여러분은 불만이 많고 비난할 사람들을 찾아 나서게 된다. 덴츨러는 "그 비난은 외부를 향한 것이 아니라 내면의, 바로 여러분 자신을 향하게 된다."라고 설명했다. 눈에 띄는 모든 것이 부족하고, 실수투성이이고, 불만스러울 것이다. 여러분은 스트레스를 받았고, 화가 나 있는 것이다.

네 번째 단계에서 여러분은 자신이 견디기 힘든 분위기를 만들게 된다. 집중력 문제가 나타나고 실수도 자주 발생한다. 문제가 늘어난다. 온 힘을 다해 일에 집중하려고 해도 수많은 초과근무를 해야 한다. 이미 오래전부터 주변 사람들을 등한시해왔기 때문에 감정적인 불안이 엄습해 온다. 단순히 혼자라고 느끼는 게 아니라 대부분의 주변 사람들로부터 '버림받은 것' 같은 느낌을 받게 된다. 이러한 상태가 되면 최대한 빨리 전문가의 도움을 받아야 한다. 이렇게 발생한 문제는 약으로 해결되지 않는다. 병에 걸리지 않기 위해 상담가를 찾아야 한다.

비난과 불만
/
친분관계로부터 외면당함

일상에서 창조적으로 일하라
제대로 일하라
혼자서 일하라
다른 사람을 위해 일하라
다르게 일하라 ──────────────── 실패로 가는 길   171
일하지 말라

다섯 번째 단계에서는 감정적인 평온함이 생겨난다. 덴츨러는 "많은 사람들은
이 상태를 넓게 퍼져 있는 안개로 묘사하고 있다. 현실세계와의 거리는 점점 더
멀어진다. 이전에는 즐거웠던 일들이 이제는 의미를 잃게 되었다. 흥미는 고갈
되고 우울함이 자리를 잡기 시작한다."라고 설명했다. 자신감 붕괴, 불안 상태,
통제 불능 같은 일련의 사고 전개는 심각한 심리적인 문제가 된다. 여러분의 주
변에 대한 상황은 더 이상 간과되지 않는다. 여러분에게는 여러분 자신이 아닌
육체적인 거죽만 남아 있을 뿐이다. 이제는 정신과적인 상담이 아닌 정신 계통
의 약을 복용하는 데 초점을 맞춰야 한다.

이제 신체는 분명하게 반응한다. 엄청난 몸과 마음의 고통이 수반된다. 신체적
인 반응을 일으키는 도화선이 되는 스트레스가 항상 바로 받아들여지지 못한
다. 많은 사람들이 신체적인 원인 때문에 심장질환이나 위경련이 발생하는 것
이라고 믿고, 치료받기 위해 의사를 찾는 여정을 시작한다. 정신과 의사가 아
니라면 과로를 진단해 적절하게 치료할 수 없기 때문에 계속 병원의 문을 두
드리게 된다.

　　아카데미의학의 진단 방법은 아직 다듬어지지 않았다. 공포증, 피로 신드
롬이나 스트레스질환이 너무 늦게 진단되면 약으로도 바로 치료가 되기 어렵
다. 의사이자 심리학자인 보르빈 반델로브Borwin Bandelow는 두려움에 대한 책에
서 "공황장애를 가진 사람이 처음 증상을 발견하고 정확한 진단을 받기까지 3
년 반 정도 걸린다."라고 밝혔다. 이런 위기는 피로의 증상이기도 하다. 이 단계
에서는 심리적 안정을 주는 약과 강제적인 상담이 반드시 필요하다.

무력감
/
증상과 진단

마지막에는 실패와 절망만이 남는다. 과로의 종착역이 의미하는 것은 일은 물론 삶에서의 무기력함이다. 분노뿐 아니라 슬픔도, 완전히 감정적으로 평온한 것도 해당된다. 어떤 감정도 값지지 않은 것은 없다. 덴츨러는 "이 단계에서 사람들은 심지어 삶과 죽음 사이를 오가기도 한다. 자살을 위한 준비가 이루어지고 있을 수도 있다."라고 우려했다(경제적인 위기로 인한 자살은 종종 신문의 머리기사를 장식하곤 한다).

이 단계에서는 과로와 심각한 우울증이 더 이상 구별되지 않는다. 극단적으로 보일지도 모르겠지만 신체의 완전한 쇠락으로 병원에서 시간을 보내는 것이 생명을 구할 수도 있다. 병원 안의 복도가 긴 만큼, 치료 과정도 오래 걸리고 심지어 수년이 걸릴 때도 있다. 루반들은 "업무에 대한 무능력으로 은퇴 혹은 사표 제출을 하거나 조기 연금 수령자가 되는 것을 더 이상 피할 수 없다."라고 말했다.

배터리는 충전만 해야 할 게 아니라 작동할 수 있는 능력을 회복시킬 수 있는 수준이 되어야 한다. 그러기 위해서는 여러 달 동안 약을 복용하거나 심리 치료를 해야 한다. 쇠락 이후에는 삶을 다시 일으킬 수 있어야 하고, 일을 천천히 시작할 수 있어야 한다.

(5.10) ──────── **신경쇠약에 걸리기 직전의 여성**

남녀 모두 사회생활의 엄청난 스트레스에 대해 불만을 터뜨리지만 스트레스의 원인은 각각 다르다. 여성들은 남성들과 다르게 일하며 인생을 살아간다. 여성들이 직업을 가지면서 개인생활을 영위하기 위해서는 열악한 사회적 조건

일상에서 창조적으로 일하라
제대로 일하라
혼자서 일하라
다른 사람을 위해 일하라
다르게 일하라 ———————————— 신경쇠약에 걸리기 직전의 여성   173
일하지 말라

속에서 대단한 도전정신이 필요하다. 특히 독일에서는 최고경영자나 고위 정치인 중 여성들이 차지하는 비중이 아주 적다. 여성들에게는 방향 설정을 하고 동기부여를 받기 위해 필요한 롤모델이 부족한 것이다.

평균적으로 여성들은 남성들에 비해 확실히 적은 보수나 연금을 받고 있고 사회생활에 수반되는 명성도 훨씬 뒤떨어진다. 사회적 역할이나 자녀 양육에 대한 문제는 일반적으로 여성들의 몫으로 남아 있다. 독일의 육아를 위한 사회적 시설은 여전히 형편없는 데다 아주 더디게 발전하고 있고, 그 나머지 비용은 어머니들에게 전가된다.

이러한 구조적 문제 때문에 알파걸들의 세련된 페미니즘도 아무것도 변화시키지 못한다. 여성들이 일은 더 많이 하지만 획득한 권리는 극히 일부일 뿐이다. 대학 교육을 받은 대부분의 사람들도 가족 중 한 사람만 일해서는 가족 부양이 힘들다. 사회적인 조건이 매우 나쁘지만 여성들에게 일을 해야만 하는 것이다. 몇몇 남성들은 믿지 않겠지만, 일을 하기로 결정하는 대부분의 여성들에게는 선택권이 없다.

루반들은 최근 앞서가는 전문직 여성들의 과로는 일반적으로 성 역할에 대한 기대 때문이라고 했다. 그는 여성들의 피로에 대한 저서에서 "남성들은 자신의 능력을 빛나게 하고 싶어 하기 때문에 자신의 능력이 주목받지 못하거나 눈에 띄지 못했을 때 피로해진다. 하지만 여성들은 업무환경의 친목이나 좋은 팀의 협력에 훨씬 큰 가치를 둔다. 따라서 그들은 동료들 혹은 함께 일하는 사람들과의 긴장이 해소되지 않을 때 지치게 된다."라고 설명했다.

광고나 영화, TV 등을 통해 태곳적부터 전해져온 여성들의 전형적인 롤

롤모델의 부족
/
가정의 구조
/
역할에 대한 고정관념

174

모델을 접하면서 사회적으로 보조적인 역할을 하는 것이 더 적합하다는 훈련을 받게 된다. 남성들은 힘을 잃을까 봐 두려워하기 때문에 눈에 보이는 능력에 집중한다. 다행히도 여성들은 수탉들이 노는 것을 멀리서 바라보면서 그 내용에 관심을 가진다. 무엇보다 여전히 높은 일반 사회의 요구에 맞는 자세를 취하는 것이 필요하다.

여성들은 생물학적인 관점에서 남성들보다 고통에 민감하지 않은 것이 분명하다. 그리고 일과 관련해서도 위기에 대한 준비를 더 잘한다. 루반들은 "피곤으로 인해 위기에 빠진 여성들이 남성들에 비해 제한된 행동만 해야 하기 때문에 문제 해결이 힘들어지는 것이 분명하다."라고 말했다. 그녀는 여성들에게 특화된 세 가지 주제, 즉 한계를 인지하고, 능력을 회복하며, 일을 다른 사람에게 맡기는 것에 대해 이야기했다.

루반들은 "과로를 피하기 위해 한계를 정하는 것은 지금까지 해온 것들처럼 편안하지도 않고, 받아들이기도 쉽지 않아 잘 이루어지지 않는다."라고 밝혔다. 다른 사람에게 한계를 정하는 것에 대한 양심의 가책은 일에서도 이어진다. 개인생활에서는 달라진다. 직장에서는 동료나 상사, 고객, 가정에서는 배우자, 아이들, 부모님 그리고 친구들과도 한계에 대해 의논한다. 동시에 여러 방면에서 공격을 받으면 경계를 정하는 것이 어려워지고, 상황에 대해 과한 부담을 받고 있는 여성으로 그려진다.

많은 여성들은 외부로부터 간섭받더라도 자신들의 상황에 책임을 지운다. 더군다나 외부의 영향이 여성들에게는 고통으로 이어지게 된다. 루반들은 "경계를 정하는 데는 완벽주의와 함께 많은 노력이 필요하다. 대부분의 과

위험으로 고통당하기
/
완벽주의

일상에서 창조적으로 일하라
제대로 일하라
혼자서 일하라
다른 사람을 위해 일하라
다르게 일하라 ─────────── 신경쇠약에 걸리기 직전의 여자 175
일하지 말라

로하는 사람들은 자신의 직업에 최선을 다하지만, 아직 자신의 성과에 만족하지 못한다."라고 설명했다. 여성들은 일과 가정에 대한 책임을 동시에 다할 수는 없는데도 일에서 완벽하면서 동시에 완벽한 엄마, 완벽한 아내가 되고 싶어 한다.

또 여성들은 미에 대한 망상에 눈이 멀어 나이에 상관없이 완벽한 옷, 날씬한 몸매, 건강을 원하고, 스포티하면서 매력적이고 싶어 한다. 크리스티안네 취른트Christiane Zschirnt는 『냉정한 여성들을 위한 변론Plädoyer für eine gelassene Weiblichkeit』에서 "오늘날의 여성들은 모든 것을 할 수 있다. 지배하고, 위로하고, 경영하고, 요리하고, 결정하고, 사랑하고, 우수한 성적으로 아비투어 시험을 치르고, 월드컵 축구에서 우승도 한다. 모든 것은 동시에 일어난다. 그리고 그들은 자신들의 신체에 불만을 가지게 될 수도 있다."라고 말했다.

업무와 가사에 시달리면서도 다이어트를 하고, 최악의 경우 성형외과의 문을 두드리기도 한다. 이런 목록은 정말 말도 안 된다. 하지만 많은 피상적인 가치들이 심리적으로 깊이 연결되어 있다. 우리를 성장시켜온 미디어의 현실은 흔적을 남겼다. 하지만 우리는 남성에 대해서도, 여성에 대해서도 그 규정된 역할에 만족해서는 안 된다.

완벽주의자들이 책임을 다른 사람에게 잘 맡기지 못한다는 것은 분명하다. 자신들만 완벽하고 신속하게 일을 처리할 수 있다고 생각한다. 하지만 일을 다른 사람에게 맡기지 못하는 사람은 심적인 부담을 크게 느낀다. 극단적인 업무 스트레스가 과도한 육아 스트레스로 이어지고 회복은 힘들어진다. 열 시간 동안 업무를 마친 뒤 네 시간 동안 아이와 지내고 가사도 돌봐야 한다면, 잠은 아주

한계 정하기

조금밖에 자지 못할 것이다. 루반들은 "피로가 여성들을 위기에 빠뜨리는 게 분명하다."라며 "한계를 확인하자. 한계를 인지하자. 한계를 정하고, 분명히 하자. 한계에 대해 의사소통을 해라. 한계를 지키고 예외를 허용하면 안 된다. 언제 양초가 타기 시작하는지 알아채야 한다."라고 주장했다.

재정적인 장점 때문에 자기 혹사는 이미 새로운 업무 방식이 된 것은 아닌가 싶다. 사무실에서 혹사당하는 젊은 여성들이 저렴한 노동시장을 형성한다. 자신의 욕구를 충족시키는 데 무능력한 것은 종종 평생에 걸쳐 일어나는 이야기가 되기도 한다. 심리학적으로 깊은 근거를 가진 전문적인 도움을 받지 않고는 위기를 변화시킬 수 없다. 과로의 위험을 일찍 발견할수록 회복은 쉬워진다. 심각한 질병을 피하기 위해서는 치료 전문가를 찾아가는 게 좋다.

(5.11) ──────────── **당장 처리하기와 예방하기**

호클링과 핀다이젠은 만성적인 스트레스를 예방하는 데 도움이 되는 몇 가지 팁을 제시한다.

관리가 안 되는 것 같은 기분이 들 때는 책상 등 주변을 정리하는 것도 좋다. 하루 계획도 세우면서 너무 일에만 빠져 있지는 않아야 한다. 해결책은 휴식을 위한 에너지를 유지하는 것이다. 새로운 업무의 세계에서 휴식은 늘 계획에서 뒷전으로 밀리게 된다. 비상대책으로 오전 10시 30분, 12시, 오후 2시, 3시 30분, 5시에 알람이 울리도록 하는 방법이 있다. 휴식 시간이 정확하도록 계획을 잡는 것이다. 무조건 자리에서 일어나서 책상을 떠나야 한다. 5-10분 정도의 대안적인 프로그램이 아주 중요하다.

정리

일상에서 창조적으로 일하라
제대로 일하라
혼자서 일하라
다른 사람을 위해 일하라
다르게 일하라 ——————————— 당장 처리하기와 예방하기   177
일하지 말라

휴식 시간 동안 뭔가 먹을 수도 있다. 규칙적이고 건강에 맞는 영양섭취는 괴혈병을 예방해주며, 이는 삶의 질에 속하는 것이다. 일을 위한 것이 아니다. 호클링과 핀다이젠은 "일주일에 두세 번은 제대로 된 저녁을 먹어야 한다."라고 권했다. 스포츠, 취미, 연인, 친구, 아이들은 여러분에게 다른 생각이 떠오르게 할 것이다. 심지어 아이들은 여러분을 지치게 만들기도 하지만 그들은 사랑의 대상이지 짐은 아니다. 아이들을 보살펴야 하는 사람은 경력이 훼손되는 것을 안정적으로 예방할 수 있어야 한다.

휴식과 조정의 시간을 공개적으로 확보하고 업무 영역이 사생활을 간섭하지 못하도록 해야 한다. 휴식에는 두 가지가 있다. 수동적인 휴식에는 빈둥거림이나 음악 감상, 수면 등이 있다. 적극적인 휴식에는 산책이나 수영, 영화 관람, 요가, 명상, 여행 등이 있다. 두 방법 모두 일상의 일부이고 양심의 가책을 느낄 필요가 없다. 일 때문에 다른 모든 것이 불가능해진다면 뭔가 잘못되고 있는 것이다. 호클링과 핀다이젠은 "여러분의 생각을 말하자!"라고 조언했다.

남성들은 자신의 감정을, 여성들은 자기 앞에 놓인 제약 앞에서 자신의 생각을 말하는 것을 포기하지 말아야 한다. 하지만 남녀의 생각 표현이 모두 언어적인 커뮤니케이션이다. 여러분을 방해하는 것들을 그대로 놔둘 셈인가? 협상해볼 필요가 있을 것이다.

(5.12) ——————————— **상실 없는 신경쇠약**

50년 전에도 과로하는 사람은 있었지만, 피로증후군Burn-out Syndrome이라는 말은 없었다. 오늘날의 우리는 신체적으로 더 건강해졌고, 더 나은 교육을 받았

자유 시간 정해두기

으며, 디지털 기술의 도움을 받고 있기 때문에 일을 더 잘 견뎌야만 한다. 일 때문에 발생하는 심각한 정신질환의 증가 원인을 개인의 능력이나 전략에서 찾을 수는 없다. 직장 상사의 지시와 스트레스가 훨씬 더 과장되어 있기는 하지만, 이 사실이 우리에게 직접적으로 영향을 주지는 않는다.

융통성 있는 자본주의의 발전이 있었다. 질병은 경제적 시스템뿐만 아니라 개인적인 문제이기도 하다. 이 문제는 의사들이나 치료사들에게 책임이 전가된다. 매우 지쳐 있는 사람을 병원에서 다시 건강하게 돌보는 것이 몇몇 작가들에게는 허무맹랑한 문제로 여겨졌다. 심리치료사 미카엘 마르비츠Michael Marwitz와 안드레아스 힐러르트Andreas Hillert는 자신들의 저서 『신경쇠약의 확산 Die Burnout Epidemie』에서 이 문제에 대해 저술했다. 요구 사항이 명확하지 않더라도 좌절한 한 개인은 치료받아야만 한다. 사회생활에서 건강하게 살아남기 위해서는 비용을 치르고 여가 시간을 희생하더라도 심리적이고 의료적인 도움을 주는 상담교실이나 강의에 참여해야만 한다.

슈렌크는 자신의 저서에서 자기 착취의 기술에 대해 지적했다. 과로는 사소한 문제이다. 사회생활에 대한 극단적인 기대와 부담이 개인의 어깨를 짓누른다. 더 많이 일하게 되지만 그로 인해 돌아오는 것은 적어진다. 고용계약은 점점 더 단기적이고 불명확하게 변하고 있고, 주말과 여가 시간에 일하는 것도 더 이상 터부시할 수 없어 사람들은 자신의 몸을 혹사하게 되었다. 여가 시간도 일을 위해 사용해야만 한다. 오늘날의 남녀들은 자녀와 더 많은 시간을 함께 보내거나 자원봉사를 하고 싶어 하지만, 마음대로 쓸 수 있는 시간을 얻기란 힘들어 보인다.

융통성의 위기
/
과로와 사회

일상에서 창조적으로 일하라
제대로 일하라
혼자서 일하라
다른 사람을 위해 일하라
다르게 일하라 ───────────── 상실 없는 신경쇠약   179
일하지 말라

대학 교육을 받은 많은 사람들이 아이들을 좋아하지만, 출산은 지속적인 재정적 불확실함과 보육시설의 부족에 가로막히고 있다. 아이들은 학교에서 더 나은 성적과 바쁜 시간표를 강요받으면서 점점 더 고통을 받는다. 오늘날 인간의 전 생애는 생계를 위해 바쳐진다.

슈렌크가 말한 것처럼 우리는 '예정된 실업자'이다. 생계를 위한 일자리를 잃게 되면 심리적, 육체적 고통이 발생한다. 이에 대한 공포는 고용주들에 의해 의도적으로 이용당할 수도 있다. 과도한 노동을 위한 자극 요소가 명예를 위한 노력이 아니라 절벽 앞에 선 공포가 될 수도 있다. 그러므로 극단적인 사람들은 사회적인 문제로 눈을 돌려야 한다. 노동시장은 여전히 인간을 정당하게 평가하고 있는가. 시장이 근로자나 노동력의 존재를 점점 더 병들게 하는 것은 아닌가.

두려움과 혹사

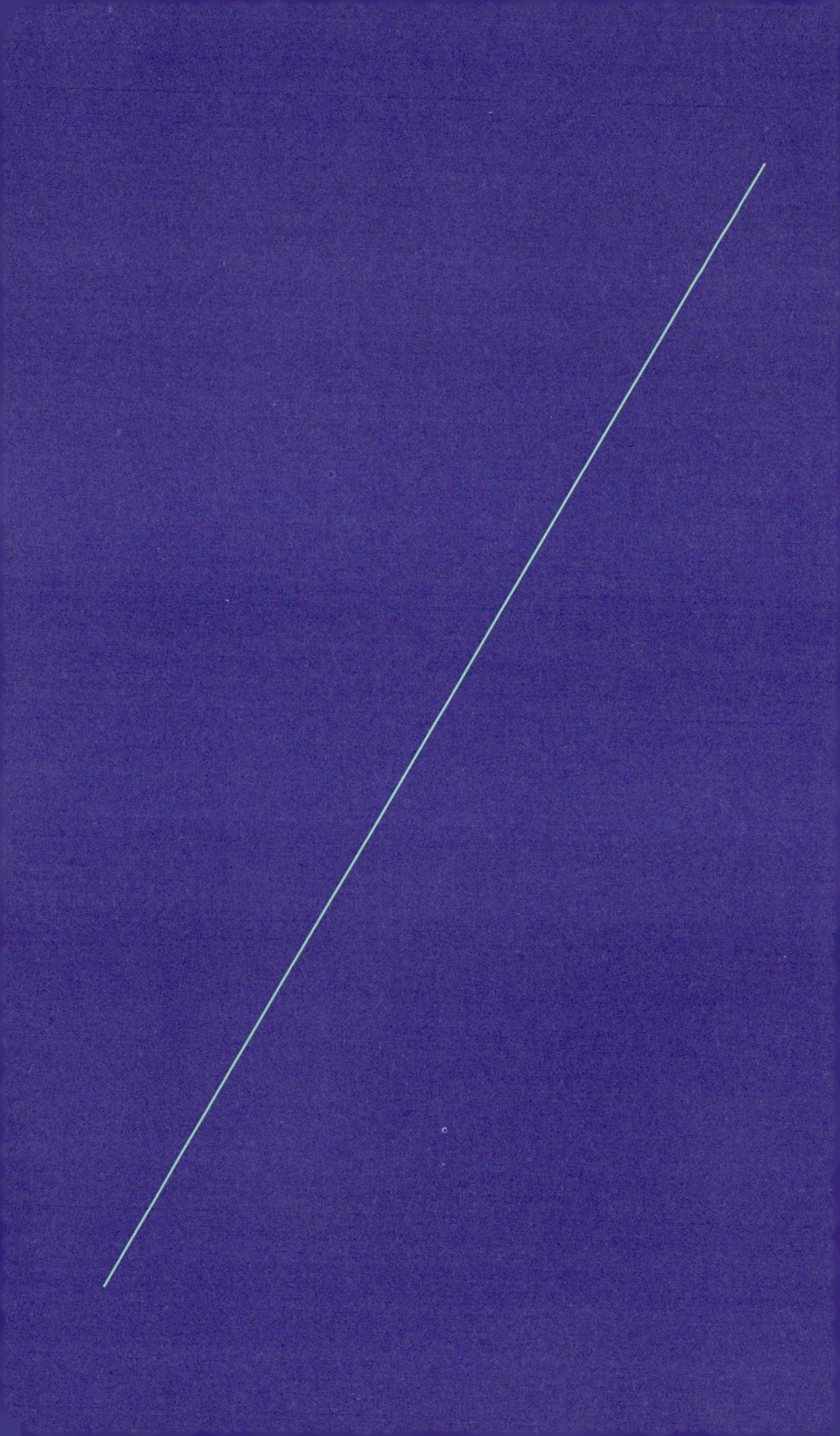

6

일하지
말라

(6.01) ——————————— **언제 결말을 내려야 할까?**

일의 행복과 불행은 사무실에 한정된 문제가 아니다. 그런 이유로 심리학자들은 여가 시간에도 관심을 가지게 되었다. 누구나 더 많은 휴식을 원하는 것은 당연한 것 같지만 여기에도 오류는 있다. 열심히 일하는 사람들만이 여가 시간을 갈망해야 한다. 직업을 잃고 정해진 자유 시간이 없는 사람은 더 이상의 자유 시간을 희망하지 않게 된다. 여가 시간은 돈을 버는 활동을 하는 사람들을 위해 존재하는 것이다. 또 이자로 생활하는 사람들도 이미 정해진 수익이 있기 때문에 여가 시간을 의미 있게 보내기 위한 노력을 늘 하지는 않는다.

　일본에서는 연금부 퇴직 후의 자살이 늘어나고 있는데, 이는 많은 사람들이 일이 없는 취미생활을 즐기지 못해서인 것 같다. 어떤 사람들은 여가를 탈출구로까지 여기기 때문인지 여가 그 자체만으로 좋은 것은 아니다. 철학자인 귄터 안더스Günther Anders는 사람들이 신경 써야 하는 일로부터 환멸을 느낄 때, 적극적으로 여가를 이용하고 싶어지는 것이라고 생각했다. 여가의 세계에는 다음과 같은 규칙이 있다.

　'소파에 엉덩이 붙이고 앉아서 평생 TV나 보고 있어라.'

가끔 대학생들은 여가를 보내는 것에 대해 부정적인 생각을 갖거나 양심의 가책을 느끼기도 한다. 여기에는 아주 단순한 심리적 배경이 깔려 있다. 대학 공부는 확실한 일이라고 볼 수도 없고 여가 시간이 정해져 있는 것도 아니기 때문이다. 대학생들은 보통 1년에 30주의 수업을 받는다. 하지만 그들 중 대부분이 돈을 벌기 위해 주당 스무 시간가량 일한다. 학생들 중에는 학교 외에도

일상에서 창조적으로 일하라
제대로 일하라
혼자서 일하라
다른 사람을 위해 일하라
다르게 일하라
일하지 말라 ──────────────── 언제 결말을 내려야 할까?   183

정규적인 일을 갖고 있는 경우가 많아서 그렇지 않은 학생들을 보고 게으르다고 욕하는 것이다.

하지만 이러한 상황은 오히려 일의 창의성을 흐리게 만든다. 집에서 일하거나 파트타임으로 일하는 사람이라면 이 부분에 대해 인정할 것이다. 새로운 형태의 일이 많아지고 있기는 하지만 아주 오래된 패턴을 따를 필요도 있는 것이다. 오전 9시에 시작해 오후 5시에 일을 마치는 것처럼 공부를 해보라. 더 이상 여가에 대한 것, 특히 창의성에 대한 것은 문제가 되지 않을 것이다.

인간에게 직업으로서의 일은 다양한 가치를 지닌다. 슈텐겔은 일의 가치를 어디에 두는지에 따라 사람들을 경력 지향적인 사람, 여가 지향적인 사람, 그 가운데 있는 사람의 세 그룹으로 나누었다. 경력 지향적인 사람은 삶을 일과 일에 연결된 수입에 초점을 맞춘다. 그들은 가정도 일의 하위 부류에 놓는다. 예를 들자면, 이러한 성향의 관리자는 자기 지위를 나타내주는 것이나 확실한 소비를 위해 일을 한다. 여가 지향적인 사람은 돈을 벌어 그 재정적인 능력을 개인적인 관심에 사용하기를 원한다. 그들에게는 동료들과의 친목이나 주말 저녁이 아주 중요하다. 이 그룹은 행복을 사치품이나 시간을 갖는 것으로 정의한다. 돈이 가장 중요한 것은 아니다.

그 가운데 있는 사람은 가장 많은 노동력을 동원하지만 경제적인 문제나 관리 조직에서의 위치, 수익 문제에 크게 관심이 없다. 겉으로 보기에 디자이너들은 이 가운데 있는 사람과 경력 지향적인 사람의 중간쯤에 있는 게 아닌가 싶다. 디자이너들은 아주 많은 일을 하지만 처음에는 많은 돈을 벌지 못한다. 그래서 그들은 자신들의 세계에서 창의적인 일을 하는 것이 자신의 직업이

일의 가치

라는 것을 이해하고, 경제적인 디자인이 지속적인 가치로 남을 수 있도록 만들기 위해 노력한다. 종종 디자이너의 이러한 노력은 저평가를 받기도 하고, 예술적으로 정당한 보수를 받지 못하는 일도 있다. 프리랜서들이 많은 일을 하지만 많은 보수를 받는 경우는 드물다. 슈텐겔은 "변화가 많은 일상 속에서 여유를 즐길 줄 아는 사람만이 일에 대한 즐거움이 자라나는 기쁨을 누릴 수 있을 것이다."라고 설명했다.

여가 시간은 일과는 달리 다양한 역할을 한다. 우리는 여가를 통해 일에 시달린 자신을 재생시킬 수도 있다. 하루 종일 컴퓨터 앞에 앉아 있느라 혹은 녹초가 되도록 출장 다니느라 생긴 스트레스의 수위를 낮추고 기력을 회복하게 도와준다. 그렇게 되면 고용주나 상사가 요구하지 않더라도 자유 시간에 일할 수 있다. 결혼식 초대장이나 명함, 웹사이트의 디자인이나 만화를 그리는 것, 캘리그래피 같은 자유롭고 예술적인 작업은 여가 시간을 활용해 충분히 할 수 있는 일이다. 여러분은 조용히 책상 앞에 앉아 있을 수도 있겠지만(심지어 홈오피스를 만들었을 수도 있다.), 일을 위한 모티브나 작업거리는 꼭 필요하다.

여러분은 책상 앞에서 일하지 않고도 아홉 시간 동안 '자유 시간'을 보낼 수도 있다. 여가를 보내는 형태는 문제가 되지 않는다. 여러분이 뭔가 완전히 다른 것을 하더라도 여가는 조절이라는 것을 해준다. 하루 종일 모니터를 바라보고 있는 사람도 저녁에는 술집에 가거나, 자전거를 타거나, 영화를 보거나, 책을 읽거나, 음악을 듣거나, 친구나 가족들과 시간을 보내고 싶어 할 것이다. 팀 작업을 하는 사람은 혼자 있는 시간이나 전화 연결도 되지 않는 시간을 즐긴다.

여가 시간에 업무 보기
/
대안 프로그램

일상에서 창조적으로 일하라
제대로 일하라
혼자서 일하라
다른 사람을 위해 일하라
다르게 일하라
일하지 말라 ──────────── 휴가 갈 여력이 없는   185

무엇보다 여가 시간은 계획표나 약속으로부터 벗어나 있어야 한다. 여가 시간에는 달력이나 시계를 보거나, 능력을 비교하거나, 연봉을 생각하는 일은 멈추어야 한다. 많은 사람들이 일하는 동안에는 업무 외적인 것에 대한 스트레스를 중단시키고, 자유 시간에는 능력에 대한 스트레스를 중단시켜야 한다. 보이스는 이런 슬로건을 만들었다.

'자유 시간 대신 자유를!'

사무실에서의 업무 약속보다는 다음 마라톤을 위한 훈련 프로그램이 더 신경 쓰인다면, 일단 밖으로 나가 달려라. 일은 실제보다 더 과하게 짐을 지운 것처럼 보일 때도 있다.

(6.02) ──────────── **휴가 갈 여력이 없는**

두 시간 동안 아무 일도 하지 않고 쉴 수 있는가? 대중매체도 없이, 다른 사람을 만나거나 술을 마시지도 않고? 아무런 마음의 거리낌도 없이?

아무 일도 하지 않고 쉰다는 것은 성과 위주의 사회에서는 쉽지 않은 일이다. 온갖 스트레스와 명예욕 그리고 두려움 같은 것이 우리를 방해할 것이다. 여러분은 여전히 어떤 일을 할 수도 있고 뭔가 해결하거나, 책을 읽거나, 배우거나, 계획하거나, 정리하거나, 물건을 사거나, 소비하거나 혹은 수많은 웹사이트, TV, 라디오를 통해 보여주고, 전해주고, 말해주는 것들을 바라보고 있을 것이다. 또한 자유 시간까지 쏟으면서 수많은 박물관과 전문 잡지, 서점과 도서관에서 일을 하는 데 필요한 자극들을 발견하게 될 것이다.

그리고 여러분은 놓치고 말 것이다. 새로운 것은 물론이고 오래된 미디어

여가 시간과 능력에 대한 스트레스
/
평화로움 배우기

도 창의성에 대한 흡입력이 너무 대단해서, 많은 사람들이 휴식을 취하는 것은 거의 불가능하다. 또 많은 사람들이 혼자 있는 것을 꺼리는 것도 휴식을 취하지 못하는 이유가 된다. 그들은 지속적으로 다른 사람의 인정을 받아야 하기 때문에 혼자 있는 것을 두려워한다. 틀림없이 이것은 발전을 저해한다. 프랑크푸르트의 지그문트프로이트연구소 소장인 롤프 하우블Rolf Haubl은 "혼자 있으려는 노력은…… 자유의 전제 조건이고, 명상을 통해 사고 방식을 바꾼다."라고 말했다.

여가라는 것은 업무 시간을 줄여서 남긴 시간도, 일을 하다가 남은 시간도 아니다. 우리가 조금 여유를 부린다고 해서 양심의 가책까지 느낄 필요가 있을까? 고대의 노예들이나 여성들은 아마 양심의 가책을 느꼈을 것이다. 아리스토텔레스는 "일과 미덕은 별개이다."라고 말했다. 게으름만이 인간을 짐승보다 우위에 있게 한다. 일을 할 필요가 없는 사람이 정치, 철학, 예술 그리고 문화적인 일에 종사할 수 있는 것이다. 중세에도 여전히 일은 가치중립적인 어떤 것이었고, 다시 의미 있는 일을 하기 위해 해결되어야 할 것은 전혀 없었다.

　유감스럽게도 마틴 루터Martin Luther가 이러한 파라다이스적인 상황을 종식시켰다. 그는 일은 신의 소명이고, 게으름은 죄라는 생각을 이 세상에 퍼뜨렸다. 직업을 통해 소명을 실행하는 것이다. 이것은 상인들의 윤리학이 되어 오늘날까지 전해지고 있다. 일하지 않으면 도덕적으로 타락한 것이라는 뜻의 '안일은 악덕의 시초이다.'라는 말이 처음 나온 것은 겨우 500년 전이다. 그러고는 모든 것을 점령해버렸다. 『두덴』 11권을 보면 사람들이 '죄 같은 게으름'이라는 표현을 쓴다고 나와 있다.

쉬는 시간으로서의 여가
/
쉬는 능력

일상에서 창조적으로 일하라
제대로 일하라
혼자서 일하라
다른 사람을 위해 일하라
다르게 일하라
일하지 말라 ——————————— 일과 삶의 균형이라는 신화   187

아시아의 종교인 불교에서는 일상의 일은 명상의 한 형태라고 아주 고상하게 이야기하고 있다. 사찰 안에서는 그럴지도 모른다. 하지만 승려가 사찰 밖으로 나오거나, 루터를 만나게 되면 큰 좌절을 겪게 된다. 야콥 슈렌크는 "일본에서는 매년 2만 명의 샐러리맨이 과로사를 의미하는 가로시過勞死나 업무 스트레스로 인한 자살을 의미하는 가로지사쓰過勞自殺로 사망한다고 한다."라고 말했다. 엄격하고, 종교적이며, 도덕적으로 책임지는 행동을 강요받다 보니 어쩔 수 없이 스스로가 파괴되는 것이다.

그리고 몇몇 정신분석학자들은 독일에서도 스트레스로 인한 질병들이 증가하는 현상이 현저하게 나타나고 있다고 이야기한다. 하지만 아무것도 하지 않는 것도, 즐길 수 있는 것도 모두 여가에 속한다. 중국의 철학자 노자는『도덕경』에서 "아무것도 하지 않으면 모든 것이 이루어진다."라고 말했다. 나태함도 삶의 한 방법일 수 있다. 몇 년 동안 일을 한 뒤에는 힘이 드는 게 당연하다. 하지만 어떻게 할 것인가? 잠깐 쉴 수는 있겠지만, 아예 그만두기는 어려울 것이다. 볼프강 슈나이더Wolfgang Schneider는 자신의 저서『게으름의 백과사전 Enzyklopädie der Faulheit』에서 "모든 유럽의 언어에서 일을 의미하는 낱말은 고난, 고통, 비참함 등에서 유래되었으며, 일을 마치려면 우리의 삶이나 자유를 하위순위에 두어야 한다."라고 말했다.

(6.03) ——————————— **일과 삶의 균형이라는 신화**

우리는 인터넷에서도 일과 삶은 균형을 이루어야 한다는 상담가들의 친절한 충고들을 자주 접한다. 하지만 일이 우리에게 요구하는 것이 많아질수록 삶은 일로부터 자신을 지키는 것에 더 노련해진다. 이에 대해 에버하르트 울리히는 "일과 삶의 균형Work-Life-Balance이라는 것에 동의하지 않는다."라고 말했다. 이미 이 관계는 미궁에 빠져 있다. 또 그는 "말하자면 일과 삶 사이의 균형을 찾으려는 시도는……이미 치명적인 결말에 근접해 있다고 볼 수 있다. 첫째, 일은 삶의 중심적인 요소이지만……, 둘째, 영리 사업이 아닌 다른 형태의 일을 찾아볼 수도 있고……"라고 말했다.

하지만 이러한 개념은 창조적인 일을 하는 사람들에게는 전적으로 맞지 않는 말이다. 그들에게 창의성은 삶의 한 형태인데 어떻게 일과 삶을 떼어놓을 수 있겠는가. 여가 시간에도 창의적인 것에 대해 생각하는 디자이너들은 직장에서도, 자유 시간에도 일을 하는 셈이다. 이러한 작업은 내면적인 동기를 통한 자기 발전이 이루어짐으로써 스스로 보상받게 된다. 에버하르트 울리히는 금전적 보상이 있는 영역의 활동뿐 아니라 다른 다양한 삶의 영역에 도전하는 것도 고려해봐야 한다."라고 충고했다. 지금 하고 있는 일을 하면서도 사회봉사와 같은 다양한 영역에서 현실적인 보상이 없는 일을 해보는 것이 균형적인 삶을 위해 도움이 될 수 있다는 것이다.

이 같은 활동은 업무 시간으로부터의 긴장이나 지속적이고 강한 스트레스, 무기력하기만 했던 자유 시간을 변화시킬 수 있다. 이웃이나 친구, 가족이나 아이들, 현재 살고 있는 도시에서 민주주의에 이르기까지 우리가 혼자 존재하지 않는다는 것을 보여주는 모든 부분들을 가만히 들여다보라. 그들이 돈을 버는 일에 도움이 되지 않는 방해 요소로 여겨진다면, 삶의 균형을 잃어가고 있다는 뜻이다.

문화는 일에 의지하고 있다. 하지만 모두가 돈을 좇아가는 현실에서 삶은

사회적인 약속

일상에서 창조적으로 일하라
제대로 일하라
혼자서 일하라
다른 사람을 위해 일하라
다르게 일하라
일하지 말라 ─────────────── 잠을 잊은 세계   189

고통이 되고 있다. 워커홀릭들은 자신들이 무엇을 위해 일하는지 잊고 있다. 안타깝게도 일의 야만성 속으로 서서히 녹아들어가고 있다. 여가 시간이 없는 일은 문화를 파괴한다. 위험에 빠진 것은 즐거움을 잃어버린 일뿐만이 아니다. 우리 스스로 그에 대해 당연하다는 듯이 한계를 정하는 것 또한 마찬가지이다. 일이 우리에게 기쁨이 되고 그래서 우리 스스로 한계를 정하지 않는다면 일도 강해질 수 있다. 많은 사람들이 매번 침대 가장자리에서 일을 마무리한다. 일을 하지 않는다는 것은 잠을 잘 잔다는 것을 의미한다.

(6.04) ─────────────── **잠을 잊은 세계**

작가 카트린 뢰글라Kathrin Röggla는 자신의 소설 『우리는 잠들지 않는다Wir schlafen nicht』에 정신이상자들과의 인터뷰를 실었다. 하지만 그 정신이상자들은 컨설턴트나 자문가, 프로그래머, 온라인 편집자, 개업 의사와 같이 평범하지만 아주 까다로운 사람들뿐이었다. 한 선임 변호사는 적어도 매일 밤 세 시간 정도의 수면 시간은 꼭 필요하다는 것은 알지만 단 한 시간만 자기를 희망했다. 그는 하루 한 시간 자는 것만으로도 충분하다고 생각했으며, 그 나머지 시간에는 일을 했다.

　이 소설은 잠을 잊은 일의 세계를 그리고 있는데, 그 안에서 원초적인 욕구는 적이 되어버린다. 또 어느 사무실이 나오는 내용에서는 창조적인 일을 하는 어떤 사람이 야근을 하는 모습이 그려져 있다. 이 모든 것이 잠 전문가들이 보기에는 악몽과 같다. 의료진이나 심리학자들의 주장은 이 소설과 반대가 되는 방향을 이야기한다. 과학 저널리스트인 슈포르크는 "우리는 더 많이 자

이데올로기로서의 수면 부족

190

고 싶어 한다! 우리에게는 새로운 휴식 문화가 필요하다. 한두 시간 정도 아무
것도 하지 않는 '타임아웃time-out'을 금지하지 말고 장려해야 한다. 누가 휴식
을 취하기 위해 잠깐 잠을 청하거나, 밖에 나가 상쾌한 공기를 마시거나, 일광
욕을 하고 오는 것을 지지해주고 이에 대해 모두가 미소 지어 줄 수 있어야 한
다."라고 말했다.

지난 100년 동안 인간의 수면 시간은 점점 줄어들었는데, 전기에 의한 빛이 발
명되었기 때문이다. 이러한 문화적인 변화가 신체에 영향을 미쳤던 것이다. 잠
은 기본적인 욕구이다. 우리는 얼마나 많은 잠을 포기해야만 할 것인가! 인간
은 잠을 빼앗기고 있고, 이로 인해 마치 고문을 받는 것 같은 강렬한 심리적, 신
체적인 반응을 일으키고 있다.
　전문가들은 주관적인 피로 인지와 객관적인 수면에 대한 욕구를 구분하고
있다. 슈포르크는 『수면에 대한 책Schlafbuch』에서 "능력 테스트에서 과로한 사
람들은 최선의 상태를 유지하려고 애쓰고 있지만, 이미 아주 나쁜 결과를 보여
주고 있다."라고 밝혔다. 피로감이 쌓일수록 실행 능력은 저하된다.

알코올 섭취와 비교해보면 좋을 것 같다. 대부분의 사람들은 맥주 한두 잔 마
시는 정도는 정신이 멀쩡하며 운전을 할 수 있다고 생각한다. 슈포르크는 "혈
중 알코올 농도가 0.001%만 되어도, 우리가 강제로 스물네 시간 동안 자지 못
했을 때와 같은 상태가 된다."라고 밝혔다. 믿기 힘들겠지만 알코올은 수면 부
족을 불러온다. 우리는 너무 적은 수면 시간이 행동 능력의 일부에 어떤 영향
을 미치는지 제대로 알지 못한다. 하지만 이 수면 전문가는 시간의 숫자에 확

수면 부족
/
나쁜 해결책인 알코올

일상에서 창조적으로 일하라
제대로 일하라
혼자서 일하라
다른 사람을 위해 일하라
다르게 일하라
일하지 말라 ——————————— 잠을 잊은 세계   191

실한 구분을 하면서 하루 여덟 시간의 수면 시간을 지킬 것을 충고한다. 이보다 적은 수면 시간은 수면 부족을 일으킨다. 슈포르크는 "오랜 시간 동안 점점 더 적게 잠을 자게 된 사람들은 만성적인 수면 부족에 시달리고, 마침내 밤에는 아예 자지 않아도 된다고 생각하는 증세를 보인다."라고 설명했다. 얼마나 많은 잠이 필요하든, 그 시간을 충족시켜야 한다.

충분히 잠을 잔 사람에게는 자명종이 필요 없다는 단순한 테스트가 있었다. 어떤 사람에게는 여덟 시간이 너무 많고, 또 어떤 사람에게는 너무 적을 수 있다. 너무 적게 자는 경향이 있는 사람도 있을 것이다. 하지만 너무 적게 자는 것에는 분명히 부정적인 결과가 따른다. 잠은 신체적인 혹은 정신적인 흔적을 가공하는 작용을 한다. 또 잠은 신체기관을 정리하는 역할을 한다. 잠은 배움의 과정이나 기억력, 면역력 향상에 긍정적인 역할을 한다. 슈포르크는 의미 깊었던 수면 연구의 실제 결과에 대해 "결론은 아주 놀랍다. 수면 부족은 바보를 만든다. 그런데 우리는 그것을 알아차리지도 못한다."라고 정리했다.

아름다운 젊은이들에게 끔찍한 소식을 하나 더 덧붙이자면, 수면 부족은 비만을 초래한다는 사실이다. 수면 부족은 신진대사와 호르몬 시스템을 직접적으로 헝클어뜨리고, 노화 과정을 촉진시키며, 신체의 재생을 가로막는다. 의료진들이 신진대사증후군이라는 병명을 이야기할 때, 슈포르크는 이에 대해 "당황스럽게도 수면 부족 때문에 혈중 지질 농도와 혈압이 급격하게 올라가고 당뇨병이 증가한다."라고 말했다. 게다가 수면 부족은 성장호르몬의 분비를 방해하기 때문에 신체적인 재생 과정을 막는다. 그러므로 수면 부족은 병을 만든다. 병에 걸린 사람이 수면 부족이 되는 경우가 더 많은데, 이는 이미 그의 면역 시스템이 감기와 같은 단순한 질병도 방어하기 힘들 정도이기 때문이다.

수면 부족의 결과

우리와 달리 의사들은 증세에만 주의를 기울인다. 체중이 너무 많이 나가는 사람은 더 적게 먹으면 되고, 두통이 있는 사람은 두통약을 먹으면 되고, 근육이 뭉쳐 있으면 마사지를 받으면 되고, 피곤하면 커피를 마시면 된다고 한다. 수면 전문가들은 커피가 더 이상 부정적인 이미지가 아니라는 것에 흥미를 느꼈다(녹차나 홍차도 자극적인 음료지만 건강에는 좋다). 무엇보다 커피는 수면에 지장을 주는 게 아닌 것만은 확실하다. 증세를 완화시키기는 하지만 고통의 원인까지 치료하지는 못한다. 약도 도움이 되지는 못한다. 하루에 열 잔의 커피를 마신다고 해서 수면 부족으로 연결되는 것은 아니다. 수면을 방해하는 것은 침실의 작은 등이다.

점차 심각해지는 수면 부족은 스트레스에 예민해지게 만든다. 슈포르크는 "피로증후군의 한 형태로 수면 부족이 나타난 것일 수도 있다."라고 이야기했다. 수면 부족은 업무 과다나 수면 방해로 이어질 수도 있다. 이렇게 깨진 재생 능력의 균형은 악마의 수레바퀴처럼 돌게 된다.

충분히 잘 자는 것은 우리가 일을 하지 않는 시간 중에서도 매우 가치 있는 부분이다. 일을 잘하기 위해서만 잠을 자는 것은 아니다. 이 책의 1장에서 이야기한 창의성은 충분히 잘 잔 사람과도 관련이 있다. 제대로 잠을 잔 사람만이 제대로 일할 수 있다. 그리고 제대로 일을 하는 사람만이 오랫동안 능력을 발휘할 수 있다.

커피 혹은 차

감사의 말

/

지은이와 옮긴이 소개

게슈탈터＆크레아티벤Gestalter & Kreativen의 우리 팀: 잉가 크뤼거, 로베르트
브레너, 슈테판＆자비네 포트, 마리오 얀스, 베티나＆우붸 보덴

에코자인아카데미Ecosign Akademie의 학생들과 졸업생들: 놀라 분케,
리케 바움바크, 에바 제프기 발치, 잔드라 부어케르트, 올리버 아이크홀트,
제니 프리츠, 야나 기어스베르크, 케르스틴 게어하르츠, 페트라 헤슬러,
음메 데비 케저, 카트린 코피츠, 한나 밀다, 라우라 노이게바우어,
다니엘라 노이하우저, 케어스틴 레르케, 카르스텐 로흐르벡, 이나 슈나이더,
도로티 베버, 크리스티안 괴츠, 디에고 멘텐, 크리스티아네 칸탁,
토마스 에핑, 클라라 비커, 마르쿠스 부커러

친구와 동료들, 그들이 나에게 얼마나 큰 도움이 되었는지 조금이라도
알아주기를: 우베 브리텐, 크리스티안 드리스, 베른트 드라저,
지몬네 푸흐스, 안트예 훼, 카트린 코흐, 페트라 노박(그리고 그녀의 '노박 원칙'),
이보 링게, 헤더 제한, 홀거 슈피커만, 슈테파니 우츨러, 슈테파니 보크트

원고를 멋지게 책으로 만들어낸 디자이너: 카트린 샤케

출판사: 카트린＆베트람 슈미트 프리드리히스와 그들의 팀

이 책을 디자이너 페트라 니엔후이스에게 바칩니다!

지은이. 프랑크 베르츠바흐

1971년생으로 공업제도가가 되는 기술 교육을 받고 정신병원에서 의무 수련 기간을
마친 뒤 쾰른과 본, 프랑크푸르트에서 교육학과 심리학, 철학, 문학을 공부하며
구성주의의 윤리적인 문제에 대해 집중적으로 연구했다. 이후 과학 분야 기자로
활동했으며, 지금은 에코자인아카데미에서 심리학과 철학을 강의하면서
쾰른에 있는 직업학교에서 디자인도 가르치고 있다. 지식 포털인 sciencegarden.de의
공동 창업자 중 한 명으로 5년간 경영했지만 스스로를 디지털 보헤미안으로
생각하는 베르츠바흐 박사는 최근에는 유심을 기반으로 한 불교와 패션, 문신,
뱀파이어 등에 심취해 있다.

옮긴이. 박정례

한양대학교 독어독문학과를 졸업하고, 임프리마코리아에이전시IKA에서
영미권, 독일어권 저작권 에이전트로 일하면서 해외 도서를 국내에 소개해왔다.
옮긴 책으로는『사자가 전하는 말』『하얀 손수건과 함께한 일주일』
『로잘리와 우유에 대한 수수께끼』등을 비롯해 여러 권이 있다.